글 한장미, 송은경 | 그림 임혜영 | 감수 안민기

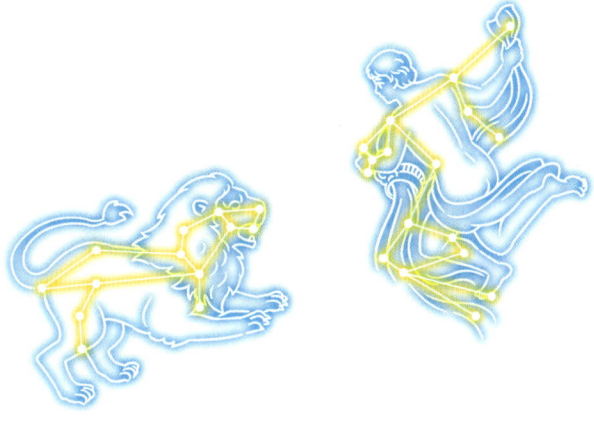

주니어김영사

이 책의 구성과 특징

간식단도 홀딱 반한 과학 입문서

⟨2022 교육과정에서 추가된 내용⟩

최신 과학 교과서를 충실히 반영했어요!

지금 친구들이 학교에서 쓰는 과학 교과서와 앞으로 나올 개정 교과서의 내용을 바탕으로 만들었어요. 최신 교과서의 새로운 내용을 빠뜨리지 않았어요.

분야별 한 권, 30꼭지이면 초등 과학 완전 정복!

생명과학, 지구과학, 화학, 물리학 분야별로 단 한 권, 각 30꼭지로 구성했어요. 한 권씩 순서대로 읽어도 되고, 알고 싶은 분야의 궁금한 주제부터 골라 읽어도 돼요.

각 단원마다 등장하는 몬스터와 함께 공부하자!

각 단원마다 간식단을 기다리고 있는 과학 몬스터! 꼭지마다 흥미로운 몬스터 이야기도 있고, 풍성한 삽화로 과학 공부를 쉽고 재미있게 할 수 있어요.

부모님도 선생님도 맘에 쏙 든 알찬 구성!

〈한 꼭지 퀴즈〉로 꼭지 내용을 점검하고, 〈정리 노트〉로 배운 내용을 정리해요. 〈호기심 백과〉에서는 흥미로운 과학 이야기를 더 읽어 볼 수 있어요. 〈도전! 과학 영재반〉으로 나의 과학 실력을 뽐내 보고, 〈펀펀 게임〉에서 재미있는 퀴즈를 풀며 학습을 마무리해요!

차례

1 지구와 달의 모습

01 지구의 모습
몬스터 조각을 모아라! ········ 16

02 달의 모습
납치된 몬스터를 찾아서 ········ 20

정리 노트 ······ 24 호기심 백과 ······ 25
도전! 과학 영재반 ······ 26 펀펀 게임 ······ 28

2 지표의 변화

03 식물이 잘 자라는 흙
땅땅몬이 숨어 있는 흙은? ········ 30

04 흙이 만들어지는 과정
땅땅몬의 진화를 도와줘! ········ 34

05 물이 만드는 지표의 변화
땅땅몬의 약점은? ········ 38

정리 노트 ······ 42 호기심 백과 ······ 43
도전! 과학 영재반 ······ 44 펀펀 게임 ······ 46

3 지층과 화석

06 지층
셋이 하나! ········ 48

07 퇴적암
누가 첫째, 누가 막내? ········ 52

08 화석
돌이 된 쿠앤크 ············ 56

정리 노트 ······ 60   호기심 백과 ······ 61
도전! 과학 영재반 ······ 62   펀펀 게임 ······ 64

4 화산과 지진

09 화산과 화산 분출물
화산에서 나타난 몬스터 ············ 66

10 화산 활동이 만든 암석
불덩몬을 식혀라 ············ 70

11 지진과 화산 활동의 영향
지진과 화산이 휩쓸고 간 자리에 ············ 74

12 지진에 대비하는 자세
준비된 자, 바닐라 ············ 78

정리 노트 ······ 82   호기심 백과 ······ 83
도전! 과학 영재반 ······ 84   펀펀 게임 ······ 86

5 태양계와 별

13 태양이 지구에 미치는 영향
외계에서 온 그대 ············ 88

14 태양계 행성
행성 여행자 몬스터 ············ 92

15 태양계 행성의 특징
몬스터가 보내 온 편지 ············ 96

차례

16 밤하늘의 별자리
태양 말고 다른 별 없어? ······ 100

정리 노트 ······ 104
도전! 과학 영재반 ····· 106
호기심 백과 ······ 105
편펀 게임 ······ 108

6 날씨와 우리 생활

17 공기 중의 수증기
화장실에서 나타난 이유 ······ 110

18 비와 눈이 내리는 원리
날고 싶은 뽀송몬 ······ 114

19 바람이 부는 이유
탈출을 꿈꾸는 뽀송몬 ······ 118

20 날씨와 우리 생활
뽀송몬이 타고 오는 바람은? ······ 122

정리 노트 ······ 126
도전! 과학 영재반 ····· 128
호기심 백과 ······ 127
편펀 게임 ······ 130

7 지구와 달의 운동

21 지구의 자전
태양을 피해야 해! ······ 132

22 지구의 공전
밤하늘 전문가, 피닉몬 ······ 136

23 달의 모양과 위치 변화
몬스터식 약속 잡기 ······ 140

24 일식과 월식
피닉몬이 낮에도 나갈 수 있다고? ·········· 144

정리 노트 ······ 148   호기심 백과 ······ 149
도전! 과학 영재반 ······ 150   펀펀 게임 ······ 152

8 계절의 변화

25 그림자 길이의 변화
내 시계 멋지지? ·········· 154

26 하루 동안 변하는 기온
앙부몬을 도와주는 아이템 ·········· 158

27 변하는 태양의 남중 고도
앙부몬을 얕보지 마라! ·········· 162

28 계절이 변하는 이유
스파이시 클럽의 유혹 ·········· 166

정리 노트 ······ 170   호기심 백과 ······ 171
도전! 과학 영재반 ······ 172   펀펀 게임 ······ 174

9 바다와 기후변화

29 바다와 갯벌
물이 필요해! ·········· 176

30 기후변화와 우리 생활
우리 집을 지켜 줘! ·········· 180

정리 노트 ······ 184   호기심 백과 ······ 185
도전! 과학 영재반 ······ 186   펀펀 게임 ······ 188

등장인물 소개

간식단

세상의 모든 간식을 먹고 싶어 하는, 밉지 않은 악당들이야. 지니어스 연구소 박사님들의 부탁으로 지구 곳곳에 퍼진 과학 몬스터들을 찾아 나서게 되었어!

땡글몬
10개의 조각을 모아야 나타나는 몬스터로 지구를 닮았어.

땅땅몬
몸에서 식물이 자랄 수 있어.

싸이몬
셋이 합체하여 하나의 몬스터가 돼. 몸의 무늬를 자유자재로 바꿀 수 있어.

불덩몬
화산과 지진을 일으킬 수 있는 무시무시한 능력이 있어.

보이저몬
전자 제품을 흉내 내서
변신할 수 있는 몬스터야.

뽀송몬
공기 중의 수증기를 먹고 싶어 하는 몬스터야.

피닉몬
햇빛을 받으면
약해져서 햇빛을
피해야 하는 몬스터야.

앙부몬
시간을 알려 주는 몬스터야.
막대기라고 하면 화내니까
주의해야 해.

크랩몬
갯벌에서 살고 있는
몬스터야.

민트 · 로즈 · 라벤더

스파이시 클럽
간식단을 방해하는 더 악랄한 악당 삼인방.
간식단이 찾는 몬스터들을 가로채기 위해
호시탐탐 기회를 노리고 있어.

흥미진진한 과학 탐험의 세계로!

간식단은 지니어스 연구소 박사님들의 의뢰를 받아 지구 곳곳에 파견된 몬스터를 찾아 나섰어. 스파이시 클럽의 방해를 피해 귀엽고 개성 넘치는 몬스터들을 만나러 함께 떠나 보자!

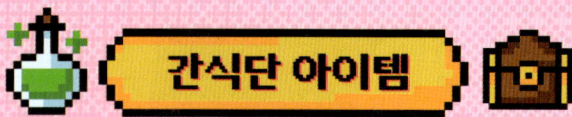

1. 지구와 달의 모습

지구는 어떤 모양일까?

01 지구의 모습
몬스터 조각을 모아라!

지구 표면의 특징

 ## 지구 표면에는 무엇이 있을까?

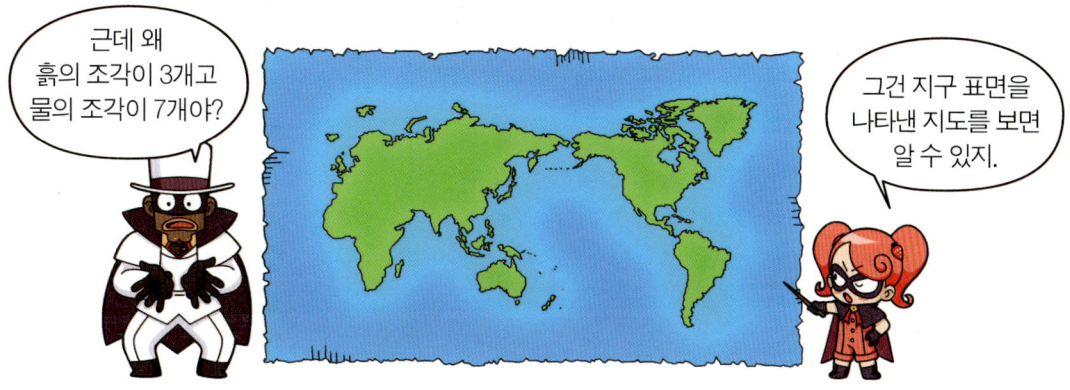

지구 표면은 **육지**와 **바다**로 이루어져 있어. 지도에서 초록색으로 칠한 부분은 육지야. 육지에는 흙, 돌, 나무 등이 있지. 얼음으로 뒤덮인 땅도 있어. 파란색으로 칠한 부분은 바다를 나타낸 거야. 바다는 물로 덮여 있지. 육지와 바다의 면적의 비는 약 3:7로 육지보다 바다가 넓어.

 ## 지구에는 다양한 지형이 있어

지구 표면에는 넓은 바다, 높은 산, 산 사이 계곡, 육지를 흐르는 강, 편평한 들, 해안가에 진흙이 많은 갯벌, 건조한 지역의 모래 사막, 추운 지역의 빙하 등이 있어. 엄청 다양하지?

지구 표면을 둘러싸고 있는 공기

 ### 지구를 둘러싸고 있는 것은?

지구에는 육지와 바다만 있는 게 아니야. 공기가 지구 주위를 둘러싸고 있지. 공기는 눈에 보이지 않고, 손으로 잡을 수도 없지만, 우리는 공기가 있다는 것을 알 수 있어. 숨을 크게 들이마시고 숨을 내쉬어 봐. 부채를 부치면 느끼는 시원한 바람도 공기가 움직여 생기는 거야.

 ### 공기는 어떤 역할을 할까?

지구에서 살아가는 대부분의 생물은 지구를 둘러싼 공기를 이용해 숨을 쉴 수 있어. 또 공기 덕분에 지구는 생물이 살기 적당한 온도를 유지할 수 있지. 이외에도 다양한 곳에서 공기를 이용하고 있어.

지구의 모양

지구는 둥근 공 모양이야. 하지만 지구에 있는 사람은 지구의 전체 모습을 직접 볼 수 없지. 게다가 지구는 매우 커서 우리는 지구의 아주 작은 일부분만 보고 편평하다고 생각하기 쉬워. 지구의 모양을 알아보려면 바닷가에 가서 항구로 들어오는 배를 관찰하면 돼.

지구가 만약 편평하다면 멀리서 오는 배는 전체 모습이 작게 보이다가 점차 크게 보일 거야. 하지만 지구가 둥글기 때문에 실제로는 배의 꼭대기부터 작게 보이다가 점차 전체 모습이 크게 보이게 돼.

한 꼭지 퀴즈

땡글몬 조각은 지구 표면에서 찾을 수 있어.
몬스터 조각을 찾아 오지 <u>못하는</u> 친구는 누구일까?

①  나는 바다에서 찾아올게.

②  나는 산에 가서 찾아볼 거야.

③  나는 사막에 가서 찾을게.

④  나는 태양에 가서 찾아올게.

기본
땡글몬

구르거나 통통 튀면서 아무리 험한 지형도 다닐 수 있다.

02 달의 모습
납치된 몬스터를 찾아서

달의 모양과 표면

달도 지구처럼 둥근 공 모양이야. 달은 전체적으로 회색빛을 띠고 있어. 달 표면을 관측해 보면 어둡게 보이는 부분과 밝게 보이는 부분이 있어. 울퉁불퉁한 면도 있고, 편평한 면도 있지. 그리고 움푹 파인 구덩이가 많아. 달의 밝게 보이는 부분은 다른 곳보다 높이가 높은 부분으로 **달의 육지**라고 해. 어둡게 보이는 부분은 다른 곳보다 높이가 낮은 부분으로 **달의 바다**라고 불러.

닮은 듯 다른 지구와 달

지구와 달의 공통점은 무엇일까? 둥근 공 모양이고, 표면이 돌이나 흙으로 덮여 있어서 딛고 설 수 있어. 지구와 달의 겉모양은 비슷하지만 환경은 매우 달라. 어떤 차이점이 있는지 알아보자.

달에 생명체가 살 수 없는 이유

생명체가 살기 위해서는 공기와 물이 꼭 필요해. 그런데 지구와 다르게 달에는 공기와 물이 존재하지 않아서 생명체가 살기 어렵지.

달에는 공기가 없어서 낮과 밤의 온도 차가 크게 나. 낮에는 120 ℃까지 올라갔다가 밤에는 영하 170 ℃까지 온도가 떨어져. 낮에는 너무 뜨겁고 밤에는 너무 추우니 생명체가 살기 힘들겠지?

한 꼭지 퀴즈

몬스터가 달에서 살 수 없는 이유를 옳게 말하고 있는 친구는 누구일까?

①  달의 바다가 어둡기 때문이야.

②  공기가 없어서 숨을 쉴 수 없기 때문이야.

③  지구와 멀어서 친구가 없기 때문에 외로워서 못 산다.

④  충돌 구덩이가 많아서 땅이 고르지 않기 때문이야.

지구의 모습

1. 지구의 모양과 표면

- 지구는 공처럼 둥근 모양이야.
- 지구 표면은 육지보다 바다의 면적이 더 넓어.

산　　바다　　사막　　평야

2. 지구를 둘러싼 공기

- 공기는 우리 눈에 보이지 않지만 지구 주위를 둘러싸고 있어.
- 공기가 있어서 할 수 있는 일이 있어.

숨 쉬기　　풍력 발전기로 전기 만들기　　공기가 든 튜브로 물놀이

3. 달의 모양과 표면

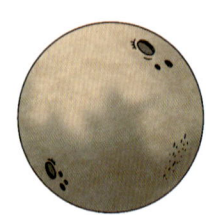

- 달은 공처럼 둥근 모양이야.
- 달의 표면에서 밝게 보이는 곳은 달의 육지, 어둡게 보이는 곳은 달의 바다라고 해.
- 달 표면에는 충돌 구덩이가 많이 있어.

 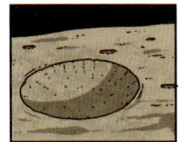

달의 바다　　충돌 구덩이

4. 지구와 달의 비교

	모양	물	공기	생명체
지구	둥근 공 모양	있다.	있다.	살 수 있다.
달	둥근 공 모양	없다.	없다.	살 수 없다.

대한민국, 우주 탐사의 Moon을 열다!

10, 9, 8, 7, 6, 5, 4, 3, 2, 1, 발사!

2022년 8월 5일, 대한민국 최초의 달 궤도 탐사선 다누리호가 발사됐어. 다누리호가 달 궤도 진입에 성공하면서 우리나라는 세계 일곱 번째 달 탐사국이 되었어. 다누리호는 약 100 km 상공에 떠서 달 주위를 하루에 열두 바퀴씩 돌며 달을 탐사하는 임무를 맡았지.

우주 인터넷 탑재체
영상을 지구로 전송하면서 달 궤도와 지구 사이의 우주 인터넷을 시험해.

영구 음영 지역 카메라
달의 극지방에 항상 어둡게 보이는 지역을 촬영해서 물이나 얼음의 존재를 확인해.

자기장 측정기
태양, 지구, 달 사이의 우주 환경을 연구해.

고해상도 카메라
한국형 달 착륙선이 내릴 후보지를 탐색하고 촬영해.

간식단도 달에 기지를 세우자!

먹을 것만 자원인 게 아니거든!

먹을 것도 없는데 달에 왜 기지를 세워?

저쯤에 달 기지를 세우면 좋으려나?

다누리호는 달 착륙선이 착륙할 수 있는 후보지를 촬영하기도 하고, 달 표면에 어떤 물질이 있는지 분석하기도 해. 그리고 지구와 달 사이의 우주 인터넷을 시험하는 장비도 탑재했어. 달 탐사선은 왜 보냈을까? 사실 더 큰 목표가 있거든. 달 착륙선을 보내고 달 기지를 세우기 위한 첫걸음으로 쏘아 보낸 거야. 앞으로 달에 어떤 일이 일어날지 기대되지 않니?

도전! 과학 영재반

1 지구와 비슷한 모양의 물체를 가지고 온 친구에게 컵케이크를 주기로 했어. 컵케이크는 누가 차지하게 될까?

답 :

①  ②  ③  ④  ⑤

2 '지구 여행'을 주제로 찍은 사진을 걸어 놓으려고 해. 주제에 맞지 않은 사진은 어떤 사진일까?

답 :

① 내 열정만큼 뜨거웠던…
② 구름에 손이 닿을 듯
③ 물이 없는 바다로 다이빙
④ 향기와 바람이 머무는 곳

3 지구에는 공기가 있어서 할 수 있는 일이 많아. 다음 중 공기가 있어서 좋은 점을 잘못 설명한 친구는 누구일까?

답 :

① 생물들이 숨을 쉬며 살아갈 수 있어.
② 바람을 이용해 연날리기 놀이를 할 수 있어.
③ 충돌 구덩이가 많이 생겨서 땅이 울퉁불퉁해.
④ 풍력 발전기를 이용해 전기를 만들 수 있어.

4 바닷가에 가서 항구로 들어오는 배를 관찰하면 지구가 둥글다는 것을 알 수 있어. 멀리서부터 점점 가까워지는 배가 어떻게 보이는지 알맞은 그림을 골라 보자.

(가) :   (나) :

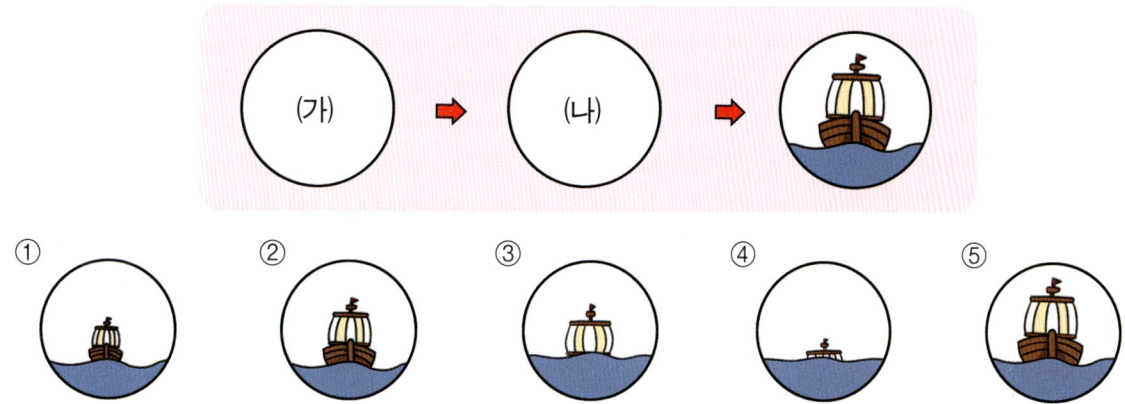

5 초코가 지구와 달에 대해 공부하고 정리 노트를 썼어. 틀리게 쓴 문장을 찾아 번호를 적고, 바르게 고쳐 줘.

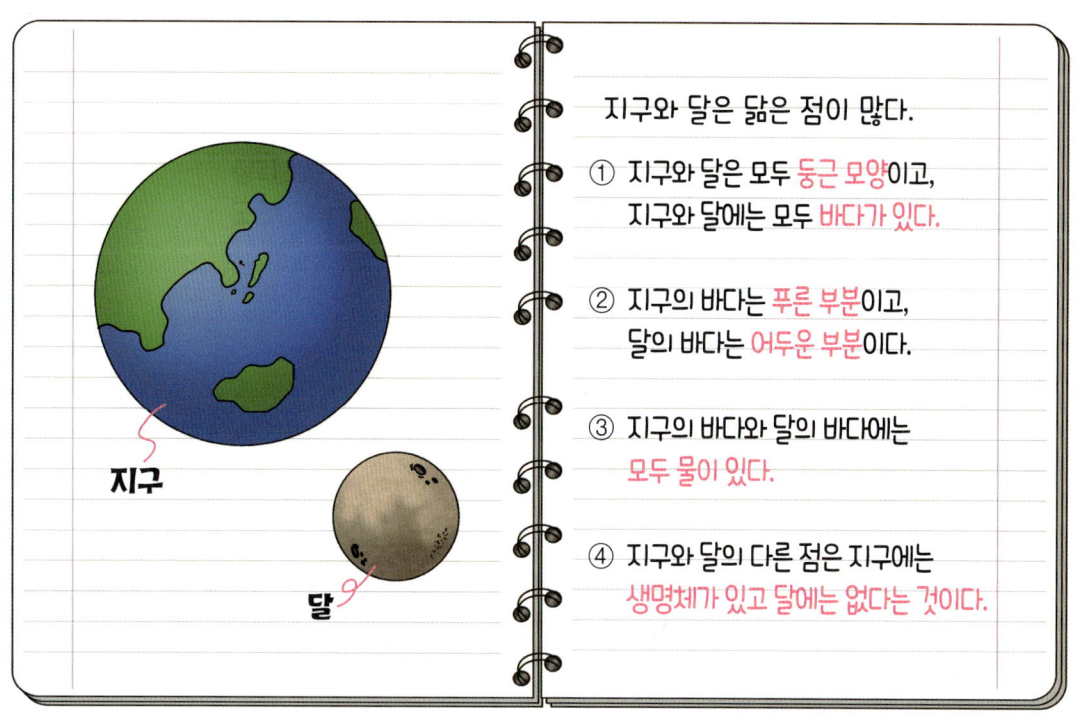

번호 :   고쳐 쓰기 :

땡글몬을 찾으러 달까지 다녀온 간식단. 달에서 간식단이 땡글몬을 찾은 곳의 이름은 'OO의 바다'였다고 해. 지구의 지형 이름을 찾아 모두 지우면 달의 바다 이름이 나타날 거야. 무엇일지 찾아볼까?

지구의 지형

~~사하라 사막~~, 나일강, 태백산맥, 아마존 밀림, 한강, 지중해, 에베레스트, 로키산맥, 흑해, 대관령, 나이아가라 폭포, 금강, 고비 사막, 템즈강, 설악산, 라인강, 아타카마 사막, 낙동강, 남산, 몬테베르데 숲, 안나푸르나, 티크리스강, 백두산, 영산강, 메콩강, 홍해, 소양강, 내장산, 동해, 센강, 지리산, 대서양, 남극, 로체, 유프라테스강, 소백산, 사해, 남해, 인도양, 북극해, 임진강, 서해, 태산

흑	해	설	나	임	홍	아	타	카	마	사	막
유	센	악	이	진	해	강	인	안	몬	아	티
프	강	산	아	강	산	도	나	백	테	마	그
라	에	라	가	영	양	푸	두	산	베	존	리
테	베	인	라	나	르	산	장	소	르	밀	스
스	레	강	폭	나	일	내	태	양	데	림	강
강	스	고	포	남	대	강	백	강	숲	사	해
로	트	한	비	해	서	북	산	요	메	콩	강
남	키	대	강	사	양	극	맥	지	리	산	지
산	관	산	동	해	막	해	강	템	강	중	소
령	로	체	맥	태	산	동	즈	금	해	백	서
~~사~~	~~하~~	~~라~~	~~사~~	~~막~~	낙	강	남	극	산	풍	해

2. 지표의 변화

바위보다 물이 세다고?

식물이 잘 자라는 흙
땅땅몬이 숨어 있는 흙은?

우리 주변의 다양한 흙

퀘스트의 답을 알아냈니? 빈칸에 공통으로 들어갈 말은 '흙'이야. 흙은 어디에서 볼 수 있을까? 산, 들, 바다에 가면 많은 흙을 볼 수 있어. 우리 주변에도 있어. 학교 운동장이나 화단에 흙이 있지. 여러 장소에 있는 흙은 어떻게 다를까? 흙은 장소에 따라 색깔, 만졌을 때의 느낌, 알갱이 크기와 같이 특징이 달라.

| 화단 | 운동장 | 갯벌 | 모래사장 |

식물이 잘 자라는 흙은 어떤 흙일까?

일단 구하기 쉬운 운동장 흙과 화단 흙으로 비교해 보자!

식물이 잘 자라는 흙

Round 1. 누가 물을 잘 머금을까?

운동장 흙과 화단 흙에 같은 양의 물을 일정한 빠르기로 동시에 부어 보자. 어느 흙에서 물이 더 느리게 빠질까?

시간이 지난 후 운동장 흙에서 나온 물의 양이 더 많은 걸 볼 수 있어. 화단 흙은 운동장 흙보다 알갱이 크기가 작아서 물 빠짐이 느리기 때문에 식물이 물을 얻기 좋은 흙이야.

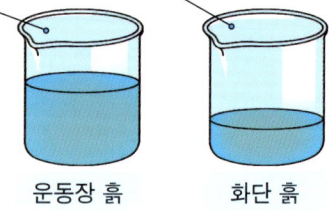

Round 2. 누가 뜬 물질이 더 많을까?

운동장 흙과 화단 흙에 물을 섞고 저어준 뒤 기다렸다가 뜬 물질의 양을 비교해 보자.

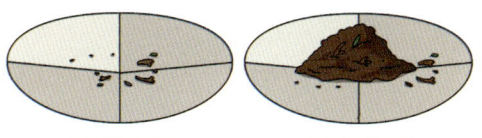

뜬 물질이 많은 흙은? 화단 흙 승리!
뜬 물질이 많은 흙은 부식물을 많이 포함하고 있어. **부식물**은 식물의 뿌리, 나뭇잎 조각, 죽은 곤충처럼 식물이나 동물의 일부가 오랜 시간에 걸쳐 썩어서 흙의 일부가 된 거야. 부식물이 많은 흙은 영양분이 풍부하기 때문에 식물이 잘 자라.

한 꼭지 퀴즈

땅땅몬은 식물이 잘 자라는 흙에서 찾을 수 있어.
다음 중 땅땅몬을 찾을 가능성이 높은 장소는 어디일까?

04 흙이 만들어지는 과정
땅땅몬의 진화를 도와줘!

흙이 만들어지는 과정

흙은 바위나 돌이 작게 부서져 만들어져. 바위나 돌이 어떤 과정을 거쳐 흙이 되는지 알아보자.

뭉쳐 있던 각설탕이 작게 부서져 설탕 가루로 변하는 것처럼, 단단하게 뭉쳐 있던 돌이 작게 부서져서 흙이 만들어져. 바위나 돌은 오랜 시간에 걸쳐 여러 가지 이유 때문에 서서히 깨지거나 부서지지. 바위가 부서져서 작은 돌멩이나 모래가 되고, 이것이 더 작게 부서지면 흙이 되는 거야.

바위가 부서지는 과정

 물이 바위를 부숴

누가 바위를 부술 수 있을까? 바로 물이야. 바위의 틈에 들어간 물이 얼었다 녹았다를 반복하게 되면 바위틈이 점점 넓어지다가 결국 부서지지.

흐르는 물도 바위를 부술 수 있어. 물이 흐르면서 바위를 지나갈 때 바위가 깎이거든. 오랫동안 물에 의해 깎인 바위는 점점 작아지게 돼.

 나무뿌리도 바위를 부숴

바위를 뚫고 나온 나무뿌리를 본 적 있니? 나무뿌리가 바위틈에서 자라면 바위가 쪼개지면서 부서지게 돼. 뿌리의 힘이 엄청나지?

바람이 바위를 부숴

공기가 움직여서 바람이 불면 바위가 깎여서 흙이 될 수 있어. 아주 오랜 시간에 걸쳐 일어나는 일이지. 이렇게 크고 단단한 바위와 돌도 언젠가는 다 부서질 수 있어.

- 감히 바람 님이 지나가는데 걸리적거리다니, 비켜!
- 우아~ 바위가 버섯 모양이다!
- 그럼 먹어도 되나?
- 되겠냐? 바람이 깎아서 이런 모양이 된 거야.
- 바위나 돌이 깎여서 땅땅몬의 몸을 만들었구나!
- 엄청 오랜 시간에 걸쳐서 만들어진 거네. 땅땅몬은 나이가 대체 몇 살인 거야?
- 존댓말 하자…

 ## 한 꼭지 퀴즈

간식단 중 땅땅몬의 진화를 도와줄 새로운 흙을 누가 가장 빨리 만들 수 있을까?

① 난 망치로 직접 바위를 깨뜨릴 거야!
② 난 바람의 힘을 이용해서 바위를 부술 거야.
③ 난 나무뿌리가 바위틈에서 자라게 할 거야.
④ 난 바위틈에 물을 부어서 얼릴 거야.

1진화 **땅땅몬**
망치로 어떤 돌이든 깨부술 수 있다.

05 물이 만드는 지표의 변화
땅땅몬의 약점은?

흐르는 물에 의한 땅의 변화

바닷가 근처에 모래성을 지어 놓으면 모래성이 파도에 의해 무너지거나 휩쓸려 가는 모습을 볼 수 있어. 바닷물이 모래성을 무너뜨리는 것처럼 흐르는 물은 바위를 깎고 운반해.

흐르는 물이 지표의 바위나 돌, 모래, 흙 등을 깎는 것을 **침식 작용**이라고 해. 물은 높은 곳에서 낮은 곳으로 흐르면서 깎인 돌, 흙 등을 다른 곳으로 옮기지. 이것이 **운반 작용**이야. 운반된 돌이나 흙이 쌓이는 것을 **퇴적 작용**이라고 해. 물은 오랜 시간 계속 흐르면서 침식, 운반, 퇴적 작용으로 지표의 모습을 변화시켜. 지표가 물에 의해서 변화되면 어떤 모습이 되는지 알아볼까?

강과 바다 주변의 모습

강의 상류
크고 모난 바위와 돌이 많아.

강의 하류
알갱이가 작은 모래나 흙이 많아.

🔍 강에서 흐르는 물이 만드는 변화

강물은 경사진 곳을 따라 위에서 아래로 흐르면서 강 주변의 모습을 변화시켜. 강의 위쪽을 상류, 아래쪽을 하류라고 해. 경사가 가파른 **강의 상류**에서는 침식 작용이 활발히 일어나. 강 상류에서 깎인 알갱이들은 물에 의해 운반돼. 경사가 완만한 **강 하류**에서는 물이 운반해 온 모래와 흙이 쌓이는 퇴적 작용이 활발히 일어나. 이런 과정이 오랜 시간 걸쳐 일어나면서 강 주변 지형을 서서히 변화시켜.

바다의 물이 만드는 변화

바다 쪽으로 튀어나온 곳은 파도에 의해 깎이고, 육지 쪽으로 들어간 곳은 고운 모래나 흙이 쌓여서 다양한 지형이 만들어져.

바다의 퇴적 지형
갯벌과 모래사장이 있어.

바다의 침식 지형
구멍 뚫린 바위, 절벽, 동굴 등이 있어.

한 꼭지 퀴즈

민트가 땅땅몬에게 물을 뿌렸더니 땅땅몬 몸이 부서졌어. 땅땅몬의 몸에서 일어난 현상을 바닐라가 알고 있대. ○○에 들어갈 말로 옳은 것은 무엇일까?

민트가 뿌린 물 때문에 땅땅몬의 몸에 ○○ 작용이 일어났어.

① 침식　　② 운반　　③ 퇴적

2진화 땅땅몬
화분 모양의 갑옷으로 물의 공격을 막아 낼 수 있다.

지표의 변화

1. 장소에 따른 흙의 특징

	화단 흙		운동장 흙
알갱이의 크기		<	
물 빠짐 빠르기		<	
부식물의 양		>	

2. 흙이 만들어지는 과정

바위나 돌이 오랜 시간에 걸쳐 물, 바람 등에 의해 깨지거나 부서져서 흙이 돼.

3. 흐르는 물에 의한 지표의 변화

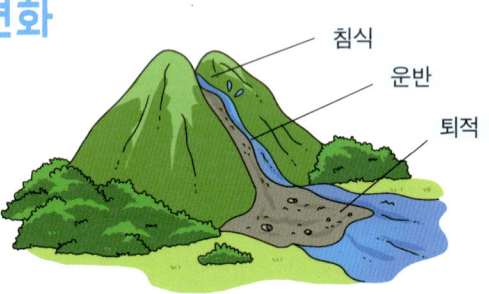

- 흐르는 물이 지표의 바위나 돌 등을 깎는 것을 침식 작용이라고 해.
- 흐르는 물이 바위, 돌, 흙 등을 옮기는 것을 운반 작용이라고 해.
- 운반된 물질이 쌓이는 것을 퇴적 작용이라고 해.

침식 / 운반 / 퇴적

4. 강과 바닷가 주변 지형의 특징

강의 물이 만드는 변화
- 강의 상류는 침식 작용이 활발히 일어나.
- 강의 하류는 퇴적 작용이 활발히 일어나.

바다의 물이 만드는 변화
- 바닷물에 의해 운반된 모래나 흙이 쌓여.
- 파도에 깎여서 절벽이나 동굴이 생겨.

산속에 바다가 있다?

산골짜기를 따라 흐르는 물이 보이지? 강이 흐르는 것 같지만 사실 강이 아니야. 이건 바닷물이 차올라서 생긴 지형이거든. 이런 지형을 피오르라고 해. 피오르는 어떻게 만들어진 걸까?

지구가 추웠던 시기에 산골짜기 사이를 채우고 있던 거대한 빙하가 바다 쪽으로 천천히 미끄러져 내려가면서 산골짜기를 깎았어. ➡ 지구의 기온이 상승해서 빙하가 모두 녹았고 그때 빙하가 깎아 놓은 U자 모양의 거대한 골짜기가 드러났어. ➡ 해수면이 상승하면서 바닷물이 들어와 골짜기를 채우고 좁고 긴 피오르가 만들어졌어.

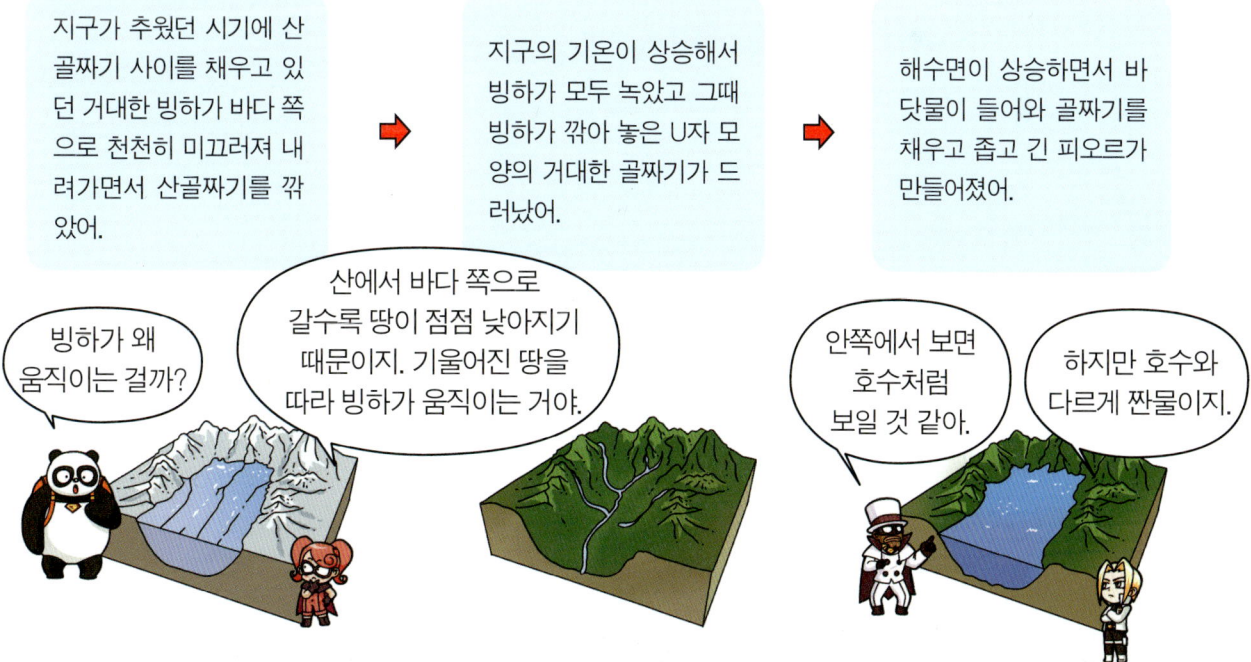

피오르는 노르웨이, 캐나다, 칠레의 남쪽과 같은 추운 고위도 지역 바닷가에서 볼 수 있는 침식 지형이야. 바다와 가까워질수록 빙하가 녹으면서 땅을 깎는 힘이 약해지기 때문에 산과 맞닿은 내륙 쪽의 수심이 훨씬 깊고, 바다 쪽이 얕다고 해. 거대한 빙하가 골짜기를 따라 지나갔을 것을 상상하면 자연의 엄청난 힘이 느껴지는 것 같아!

도전! 과학 영재반

1 화단 흙과 운동장 흙 중 하나를 사용해 식물을 키우려고 해. 어떤 흙을 사용해야 하는지 옳게 설명한 친구는 누구일까?

답:

화단 흙

운동장 흙

① 운동장 흙이 화단 흙보다 색이 연해서 식물이 잘 살 수 있어.

② 운동장 흙이 화단 흙보다 물이 잘 빠져나가니까 식물을 키우기 좋아.

③ 화단 흙이 운동장 흙보다 알갱이가 커서 식물이 살기 좋아.

④ 화단 흙에는 운동장 흙보다 부식물이 많아 식물이 잘 살 수 있어.

⑤ 화단 흙이나 운동장 흙이나 식물이 사는 데는 별 차이가 없을걸?

2 바위 쪼개기 대회가 열렸어. 그런데 대회 참가에 적합하지 않은 참가자가 있는 것 같아. 적합하지 않은 참가자는 누구일까?

답:

①
물: 내가 바위틈에 들어가서 얼었다 녹았다 하면 바위를 쪼갤 수 있어.

②
바람: 내가 계속 불면 바위도 점점 깎여 나가서 작아지지.

③
흙: 내가 가지고 있는 부식물로 바위를 녹여서 작게 만들 수 있어.

④
씨앗: 내가 바위틈에 들어가서 뿌리를 내리면 바위가 쪼개져.

3 서로 다른 강가에서 살고 있는 돌멩이가 자신의 동네를 소개하려고 해. 각각의 돌멩이가 살던 동네의 특징과 모습을 옳게 짝지어 봐.

(1)  · · 나는 강의 상류에 살아. 우리 동네에는 크고 거친 친구들이 많이 있지. 거친 물살을 버티며 살거든. · ·

(2) 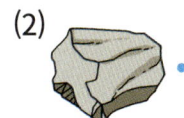 · · 나는 강의 하류에 살아. 우리 동네에는 작고 둥근 친구들이 많지. 천천히 흘러가는 물에 몸을 맡기며 살아. · ·

4 흐르는 물에 의한 지표의 변화를 알아보려고 흙 언덕을 쌓고 색 모래를 얹은 후 물을 부었어. 흙 언덕의 모습은 어떻게 될까?

답 :

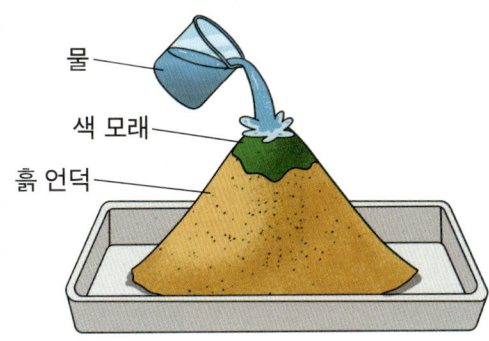

①  ②

③ 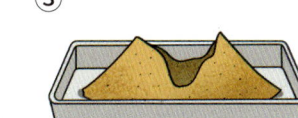 ④

5 간식단이 바다에 놀러 가서 침식 지형을 배경으로 인증 사진을 찍어 오기로 했어. 사진을 <u>잘못</u> 찍어온 친구는 누구일까?

답 :

① 스트로베리   ② 쿠앤크   ③ 초코   ④ 바닐라

정답 191쪽

단서 쪽지

① 흙은 장소에 따라 색깔, 만졌을 때의 느낌, ○○○의 크기와 같은 특징이 달라.

② ○○통에 들어간 물이 얼었다 녹기를 반복하면 부서져.

③ 갯벌과 모래사장은 바다의 ○○ 지형이야.

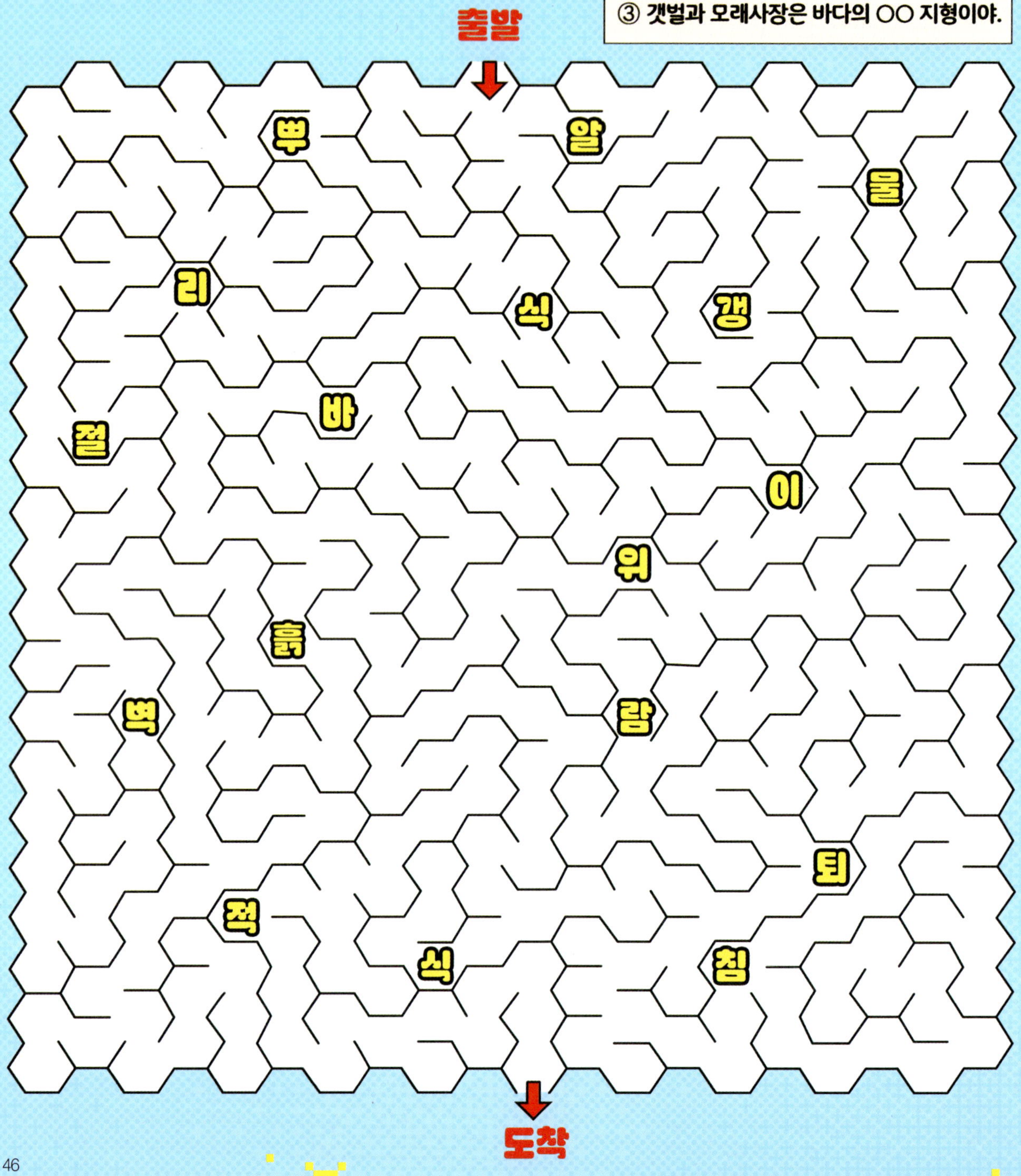

땅땅몬이 미로를 발견했어.
단서 쪽지를 읽고 정답 글자들을 순서대로 연결해서 미로를 통과해 보자!

3. 지층과 화석

층층이 쌓아 볼까?

06 지층
셋이 하나!

암석이 만든 줄무늬

 지층은 줄무늬가 있어

우리 주위에서 볼 수 있는 가로 줄무늬들이야. 이런 줄무늬는 어떻게 만들어졌을까?

샌드위치

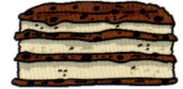
시루떡

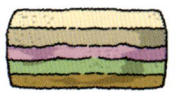
무지개떡

무지개 케이크

쌓여 있는 책

샌드위치, 시루떡, 무지개떡, 케이크, 쌓인 책의 공통점은 모두 차곡차곡 쌓아졌다는 거야. 이처럼 암석이 층층이 쌓여 줄무늬가 보이는 층을 **지층**이라고 해.

 지층의 모양은 다양해

지층이 처음 만들어질 때는 수평으로 쌓여서 나란한 줄무늬가 생기지만, 시간이 지나면서 여러 힘을 받아 무늬가 휘어지기도 하고 끊어지기도 해. 그래서 지층에는 수평인 모양, 휘어진 모양, 끊어진 모양 등 여러 가지 모양이 있어.

절벽에 보이는 줄무늬가 지층이라고 했다.
근데 오늘 본 건 찌부러진 시루떡 같아 보였다.
누가 눌렀지?

누가 땅을 자르기라도 한 걸까?
칼로 썬 무지개떡같이 잘린 지층을 봤다.
내 칼을 받아라!

지층이 만들어지는 과정

지층이 만들어지는 과정을 알아보자!

1 물이 운반한 자갈, 모래, 진흙 등이 바다나 호수의 바닥에 평평하게 쌓여.

2 새로운 퇴적물이 계속 쌓이면서 먼저 쌓인 퇴적물이 오랜 시간에 걸쳐 단단한 암석층이 돼.

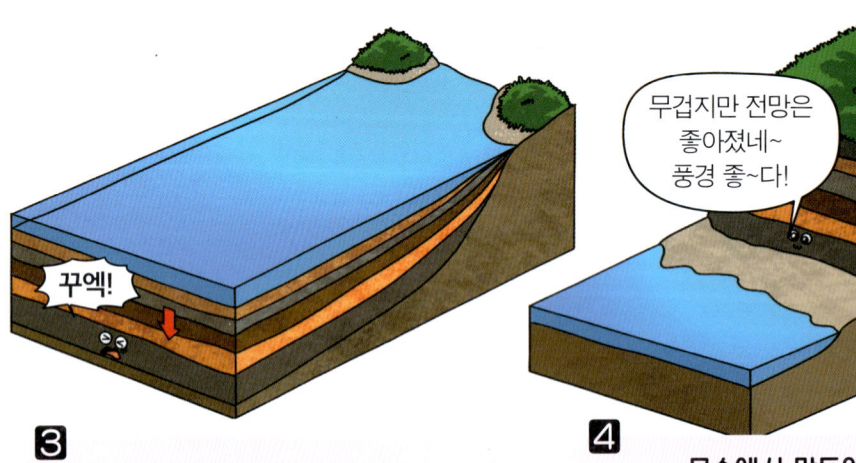

3 과정 1과 2가 반복되면서 새로운 층이 계속 만들어져.

4 물속에서 만들어진 지층이 땅 위로 드러난 뒤 깎이면 지층이 보이게 돼.

운반된 퇴적물이 평평하게 쌓이고 또 쌓이면서 눌러지면 단단하게 굳어. 계속 새로운 층이 쌓이다가 지층이 땅 위로 솟아 오른 뒤 깎여서 우리 눈에 보이게 되는 거야. 아래쪽부터 순서대로 쌓이기 때문에 아래층일수록 먼저 만들어진 층이야.

지층의 특징

지층의 줄무늬는 층마다 두께와 색깔이 다양해. 지층을 이루는 자갈, 모래, 진흙 등과 같은 퇴적물의 종류와 색, 쌓인 기간 등이 모두 다르기 때문이야.

한 꼭지 퀴즈

지층과 같은 특징으로 만들어지지 <u>않은</u> 것을 골라 봐.

① 샌드위치

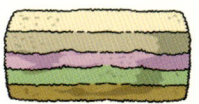
② 무지개떡

③ 식빵

④ 쌓여 있는 책

기본
싸이몬

셋이 합쳐져 주변과 비슷한 무늬로 변신할 수 있다.

07 퇴적암
누가 첫째, 누가 막내?

퇴적암과 퇴적암의 종류

퇴적암이란?

진흙, 모래, 자갈 등이 물이나 바람에 부서지고 운반되어 쌓인 것을 **퇴적물**이라고 해. 퇴적물이 오랜 시간이 지나면 굳어져서 **퇴적암**(堆積岩)이 되는 거야. 퇴적암은 쌓을 퇴(堆), 쌓을 적(積), 바위 암(岩)으로 알갱이들이 쌓여 만들어진 암석이란 뜻이야.

퇴적암 대표 삼형제가 있어!

퇴적암은 퇴적물 알갱이의 종류와 크기에 따라 **이암, 사암, 역암**으로 분류해. 이암-사암-역암 순으로 퇴적암을 이루는 알갱이의 크기가 점차 커져.

이암	사암	역암
진흙과 같이 작은 알갱이로 되어 있어 표면이 매우 부드러워.	주로 모래로 되어 있어서 까슬까슬해.	주로 자갈과 모래로 되어 있네.

퇴적암이 만들어지는 과정

🔍 퇴적암은 어떻게 만들어질까?

퇴적암은 퇴적물의 운반 ▶ 퇴적 ▶ 다져짐 ▶ 굳어짐의 과정을 거쳐서 만들어져.

> 알갱이 크기보다 만들어지기까지 얼마나 걸렸는지가 더 중요한 거 아냐? 나이 순으로 가자!

1. 나는 묵직한 돌멩이라 무거우니까 제일 아래에 가라앉아.

퇴적물이 강이나 바다의 바닥에 계속 쌓여.

2. 누르지 마. 무거워!

먼저 쌓인 퇴적물 위에 새롭게 쌓이는 퇴적물이 누르는 힘에 의해 퇴적물 알갱이 사이의 공간이 좁아져.

3. 엉겨 붙어? 이렇게? / 흙 속 물질들이 알갱이를 붙이는 접착제 역할을 해.

퇴적물 알갱이 사이에 물속에 녹아 있는 여러 가지 물질이 채워지면서 퇴적물 알갱이들이 서로 엉겨 붙어.

4. 앞의 과정이 오랫동안 반복되어 단단해지면 퇴적암이 돼.

알갱이들이 강이나 바다의 바닥으로 운반되어 쌓이는 것이 퇴적이야. 먼저 쌓인 퇴적물 위에 새롭게 퇴적물이 쌓여 누르면서 퇴적물 사이의 공간이 좁아지는 것을 다져진다고 해. 마지막으로 알갱이들이 서로 엉겨 붙어 단단하게 뭉쳐 굳어지게 돼.

쌓이는 위치가 달라

퇴적물의 알갱이가 작을수록 더 멀리까지 운반되어서 쌓여. 그래서 바닷가에서 가장 가까운 곳에 역암이, 가장 먼 곳에서 이암이 만들어져.

- 나는 여기서 쌓여서 만들어졌어.
- 나는 여기까지 왔었지.
- 나는 제일 멀리까지 와서 만들어졌어.
- 누가 더 오랜 시간이 걸려서 만들어졌는지 알기 어렵겠는데?
- 그냥 다 친구하자. 사이좋게 지내면 되잖아?
- 가위바위보로 정하는 건 어때?
- 그럼 일단 친구인 걸로!
- 싸이~ 이이!

한 꼭지 퀴즈

대표적 퇴적암 세 종류의 특징을 잘못 알고 있는 친구는 누구일까?

① 퇴적물의 알갱이가 제일 큰 건 역암이야.
② 이암은 주로 진흙으로 이루어져 있어.
③ 사암은 모래가 쌓여서 만들어졌어.
④ 암석을 이루는 알갱이의 크기가 사암-이암-역암 순으로 커져.

1진화
싸이몬
주변의 자갈, 모래, 진흙을 흡수해 몸집을 크게 불릴 수 있다.

08 화석
돌이 된 쿠앤크

여러 가지 화석

🔍 화석이 뭐야?

옛날에 살았던 생물의 몸체나 생활의 흔적이 퇴적암이나 지층 속에 남아 있는 것을 **화석**이라고 해.

🔍 어떤 화석이 있을까?

화석은 현미경으로 관찰해야 볼 수 있는 꽃가루 화석과 같이 작은 것부터 거대한 공룡의 뼈나 발자국까지 그 종류와 크기가 다양해. 화석은 크게 동물 화석과 식물 화석으로 분류할 수 있지. 화석을 현재의 생물과 비교하면 옛날에 살았던 생물의 특징을 추리할 수 있어.

삼엽충 화석
고생대에 번성한 생물로 고생대를 대표하는 화석이다. 뿔이 있는 종류부터 가시가 있는 종류까지 종류가 매우 다양하다.

암모나이트 화석
중생대에 번성한 생물로 공룡과 함께 중생대를 대표하는 화석이다. 동전 크기부터 최대 2 m까지 크기가 다양하다.

새 발자국 화석
생물의 흔적이 화석으로 된 것으로 발자국이 찍힌 땅이 바짝 마른 뒤 그 위로 퇴적물이 쌓여 발자국이 화석으로 남았다.

화석이 만들어지는 과정

🔍 화석은 어떻게 만들어질까?

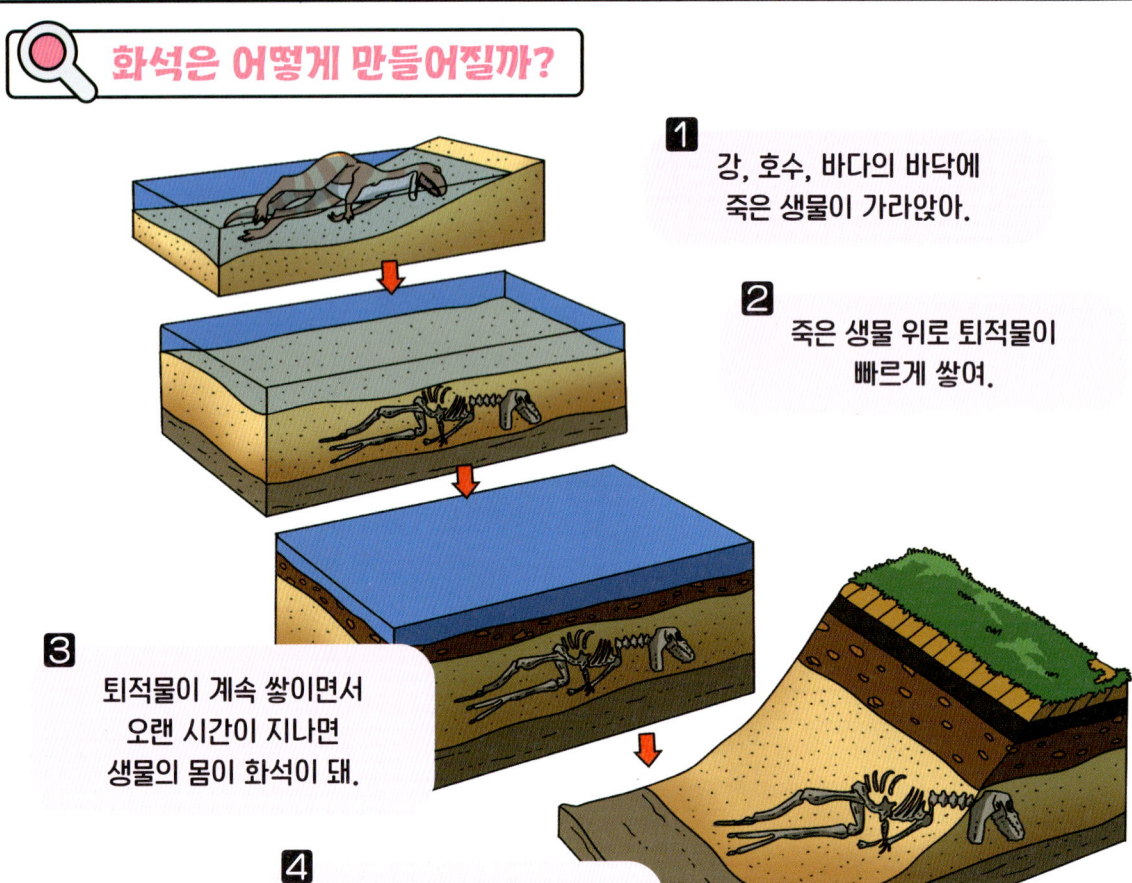

1 강, 호수, 바다의 바닥에 죽은 생물이 가라앉아.

2 죽은 생물 위로 퇴적물이 빠르게 쌓여.

3 퇴적물이 계속 쌓이면서 오랜 시간이 지나면 생물의 몸이 화석이 돼.

4 지층이 드러나고 깎이게 되면 화석으로 발견돼.

화석이 잘 만들어지는 조건은?

화석이 되려면 생물이 퇴적물 속에 빨리 묻혀야 해. 뼈나 껍데기처럼 단단한 부분이 있으면 화석이 되기가 쉬워. 화석이 될 때 과거에 살았던 생물의 모양이 그대로 남을 수도 있고, 지층 속에 눌려서 흔적만 남을 수도 있어.

쿠앤크는 딱딱한 껍데기가 없으니까 화석이 되면 뼈만 남지 않을까?

아니면 쿠앤크 발자국이 화석으로 남을 수도 있지.

우어엉~ 날 좀 그만 죽여!

화석으로 알 수 있는 것

공룡 발자국 화석으로 공룡의 크기, 종류를 짐작해 볼 수 있고, 화석이 발견된 지층이 쌓인 시기를 알 수 있어. 고사리 화석이나 산호 화석처럼 현재 지구에 살고 있는 생물과 비교하여 화석이 된 생물이 살았을 때 그 지역의 환경을 알려 주는 화석도 있어.

- 나는 따뜻하고 습기 많은 곳이 좋아.
- 내가 발견된 곳은 예전에 따뜻하고 습기가 많은 땅이었을 거야.

고사리 / 고사리 화석

- 나는 따뜻하고 얕은 바다에서 살아.
- 내가 발견된 곳은 예전에 따뜻하고 얕은 바다였을 거야.

산호 / 산호 화석

- 나도 따뜻하고 간식 많은 곳이 좋아.
- 우어엉 이 가짜! 저리 가!

한 꼭지 퀴즈

화석에 대해 <u>잘못</u> 설명한 친구는 누구일까?

 ① 공룡의 발자국도 화석이 될 수 있어!

 ② 죽은 뒤에 빨리 묻히거나 단단한 부분이 있으면 화석이 되기 쉬워.

 ③ 동물이 살아 있을 때 모양을 그대로 가지고 있어.

 ④ 고사리 화석이 발견된 곳은 예전에 따뜻하고 습한 곳이었을 거야.

2진화 **싸이몬**

물체를 안으면 움직이는 복제품을 만들어 낼 수 있다.

지층과 화석

1. 지층

- 암석이 층층이 쌓여 줄무늬가 보이는 층을 지층이라고 해.
- 수평인 모양, 휘어진 모양, 끊어진 모양 등 다양한 모양이 있어.

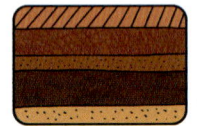

수평인 지층   휘어진 지층   끊어진 지층

2. 지층이 만들어져 발견되는 과정

퇴적물이 평평하게 쌓이면서 단단해지면 지층이 되고, 그것이 땅 위로 드러난 후 깎이면 보이게 돼.

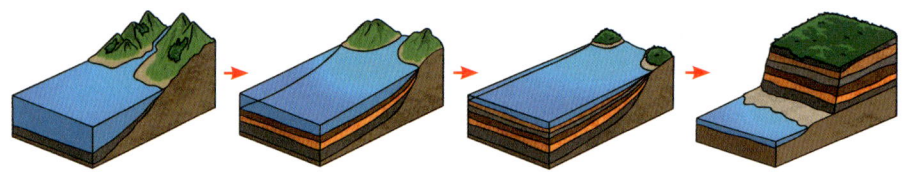

3. 퇴적암

진흙, 모래, 자갈 등 여러 가지 알갱이가 굳어져 만들어진 암석이야.

	이암	사암	역암
모습			
퇴적암을 이루는 주요 알갱이	진흙	모래	자갈, 모래, 진흙

4. 화석

- 옛날에 살았던 생물의 몸체나 흔적이 퇴적암이나 지층 속에 남아 있는 것이 화석이야.
- 화석을 통해 과거에 살던 생물의 생김새와 특징, 지층이 만들어진 당시의 환경을 알 수 있어.
- 화석이 만들어지는 과정

| 죽은 생물이 강이나 바다의 바닥에 묻힌다. | ▶ | 그 위로 퇴적물이 빠르고 두껍게 쌓인다. | ▶ | 지층이 땅 위로 드러난 뒤 깎이면 발견된다. |

사막의 고래

이집트는 아프리카 대륙에 있는 나라야. 나일강이 흐르는 곳으로 유명하지만 강 주변을 제외한 대부분의 땅은 사막이지. 이집트의 넓은 사막 중에 '와디 알 히탄'이라는 이름을 가진 곳이 있어. '고래의 계곡'이라는 뜻이야. 이곳에서 천 마리가 넘는 원시 고래 화석이 발견되었거든.

처음 화석을 발견했을 때 학자들은 거대 도마뱀의 화석이라고 생각해서 이름도 '바실로사우루스'라고 붙였어. '도마뱀의 왕'이라는 뜻이야. 하지만 이 동물은 파충류가 아니라 고래의 조상인 것으로 밝혀졌지. 도마뱀으로 오해할 만도 한 것이 이 원시 고래는 네 개의 다리를 가지고 있어.

지금은 모래로 가득한 사막이지만 약 4천만 년 전에는 다리를 가진 원시 고래들이 헤엄치며 살았던 바다였다는 게 신기하지 않니?

도전! 과학 영재반

1 간식단이 물놀이를 갔다가 강가 근처에서 지층을 발견했어. 관찰한 지층에 대해 옳게 설명한 친구는 누구일까?

답 :

< 관찰한 지층 >

① 지층은 항상 수평 모양이야.
② 지층은 아래층일수록 색깔이 진해.
③ 지층은 층의 두께가 항상 일정해.
④ 지층을 이루는 각 층의 두께와 색깔이 다양해.

2 지층이 만들어지는 과정을 그림으로 설명하려고 해. (가)~(라)의 그림을 시간 순서대로 나열해 보자.

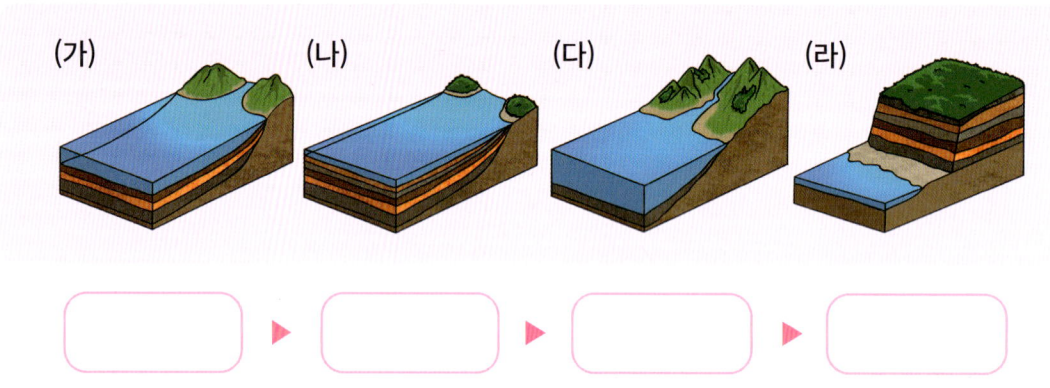

(가)　(나)　(다)　(라)

☐ ▶ ☐ ▶ ☐ ▶ ☐

3 민트가 퇴적암을 가져와서 세 종류로 분류를 했어. 어떤 기준으로 분류한 걸까?

답 :

완벽한 분류다! 역시 난 똑똑해! 후훗.

이암　사암　역암

① 알갱이의 색깔　② 알갱이의 크기　③ 만들어진 시기
④ 암석의 무게　⑤ 암석의 냄새

4 화석의 특징을 옳게 설명한 사람은 O, 옳지 않게 설명한 사람은 X표 해 보자.

5 간식단이 박물관에서 본 산호 화석에 대해 이야기하고 있어. ( ) 안에 들어갈 알맞은 말은 무엇일까?

답:

① 따뜻한 산속   ② 따뜻한 바다   ③ 추운 강가   ④ 뜨거운 사막

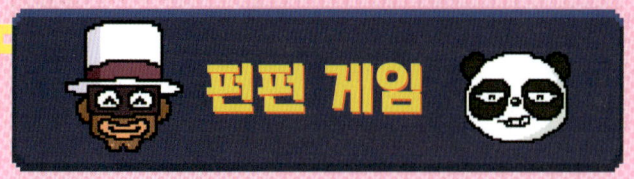

간식단과 싸이몬이 전국을 다니며 여러 지층을 조사하고 사진을 찍어 왔어.
다양한 지층 사이에서 동물의 화석을 발견했는데 어떤 동물이었을까?
(힌트의 지층 사진을 모아 보면 동물의 영어 이름이 나와!)

힌트

4. 화산과 지진

다 부숴 버리겠어!

화산과 화산 분출물
화산에서 나타난 몬스터

화산

🔍 화산은 무엇일까?

땅속 깊은 곳에서 암석이 녹은 것을 **마그마**라고 해. 땅속에 있던 마그마가 지표면으로 분출하는 현상이 **화산 활동**이야. 화산 활동으로 만들어진 지형이 **화산**이지.

🔍 화산은 어떤 모양일까?

세계 여러 곳에는 다양한 크기와 모양의 화산이 있어. 우리나라의 백두산, 한라산, 울릉도는 옛날에 활동한 적이 있는 화산들이야. 화산이 폭발한 뒤 꼭대기에는 움푹 파인 분화구가 생기기도 해. 분화구에 물이 고여 큰 호수가 만들어진 곳도 있지.

바다에서 화산이 폭발하면 섬이 생기기도 해. 독도, 울릉도, 제주도는 모두 화산 폭발 후 만들어진 섬이야.

화산이 분출하는 물질

화산이 분출할 때 나오는 물질을 **화산 분출물**이라고 해.

여러 가지 화산 분출물은 고체, 액체, 기체 상태로 분출돼. 화산이 분출할 때 연기와 함께 땅속 깊은 곳에서 암석이 녹은 마그마가 뿜어져 나와. 이때 기체인 화산 가스, 액체인 용암, 고체인 화산재나 화산 암석 조각 등이 분출되는 거야. 화산 가스의 대부분은 수증기이고, 화산 암석 조각은 크기가 다양해.

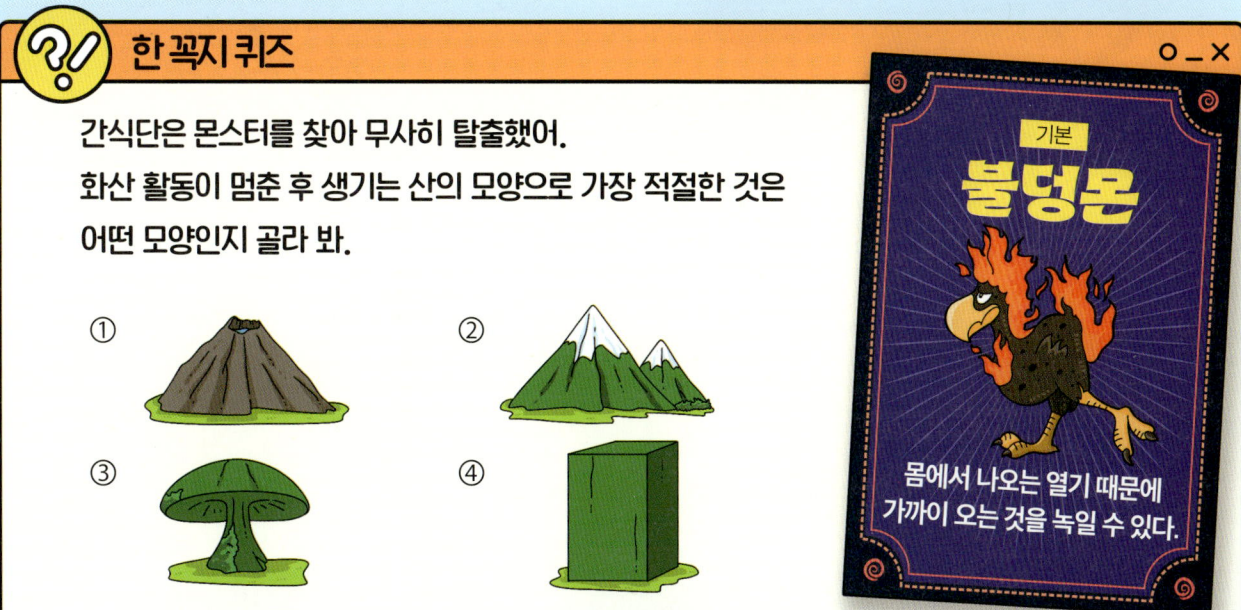

한 꼭지 퀴즈

간식단은 몬스터를 찾아 무사히 탈출했어.
화산 활동이 멈춘 후 생기는 산의 모양으로 가장 적절한 것은 어떤 모양인지 골라 봐.

10 화산 활동이 만든 암석
불덩몬을 식혀라

마그마가 만든 암석

마그마가 식으면 돌이 돼

화산이 폭발하면 지구 내부에서 작용하는 힘에 의해 마그마가 지표면을 뚫고 밖으로 나오게 돼. 이때 흘러나온 마그마가 지표 가까이에서 빠르게 식으면서 굳어 암석이 되지. 빠져 나오지 않은 마그마는 땅속 깊은 곳에서 천천히 식으면서 굳어 암석이 되기도 해.

마그마가 식으면 어떤 돌이 될까?

마그마가 식으면서 굳어져 만들어진 암석을 **화성암**이라고 해. 대표적인 화성암으로는 지표 가까운 곳에서 만들어지는 **현무암**과 땅속 깊은 곳에서 만들어지는 **화강암**이 있어.

우리 주변의 화강암

우리 주변에서 볼 수 있는 화강암은?

석굴암·다보탑 같은 문화재, 비석이나 계단은 색이 밝은 화강암으로 만들어졌어.

화강암은 이런 특징이 있어

화강암은 땅속 깊은 곳에서 천천히 식어서 만들어진 암석이야. 암석을 이루고 있는 알갱이들이 커질 수 있는 충분한 시간이 있었기 때문에 알갱이들의 크기가 눈으로 구별할 수 있을 만큼 커.

우리 주변의 현무암

우리 주변에서 볼 수 있는 현무암은?

제주도에서 흔히 볼 수 있는 돌하르방, 돌담, 바위, 또는 맷돌은 색이 어두운 현무암으로 이루어져 있어.

돌하르방

제주도 돌담

각질 제거용 돌

현무암은 이런 특징이 있어

현무암은 지표 가까운 곳에서 빨리 식어서 만들어진 암석이기 때문에 알갱이가 매우 작아서 잘 보이지 않아. 현무암의 구멍은 용암 속 기체가 빠져나가면서 생긴 거야.

한 꼭지 퀴즈

불덩몬이 빠르게 식더니 몸에 점 같은 구멍들이 생겼어.
이 무늬가 어떤 암석과 비슷한지 옳게 설명한 친구는 누구일까?

①  천천히 식어서 만들어진 현무암과 비슷해.

②  어두운 색을 가진 화강암과 비슷해.

③  암석을 구성하는 알갱이가 작은 화강암과 비슷해.

④  제주도에서 많이 볼 수 있는 현무암과 비슷해.

11 지진과 화산 활동의 영향
지진과 화산이 휩쓸고 간 자리에

지진의 피해

 ## 지진은 왜 일어날까?

땅속의 어느 한 곳이 지구 내부에서 작용하는 힘을 오랫동안 받으면 땅이 휘어지거나 끊어지는데 이를 **지진**이라고 해.

지진은 화산 활동의 영향으로 발생하기도 해. 화산이 폭발하기 전에 지진이 발생할 수 있어. 지진이 일어난다고 해서 반드시 화산이 발생하는 건 아니지만, 화산이 일어나기 전에는 반드시 지진이 발생하지.

 ## 지진이 발생하면 어떤 일이?

지진의 세기는 규모로 나타내는데, 규모의 숫자가 클수록 강한 지진이야. 규모가 큰 지진이 발생하면 사람이 다치고 건물이 무너지며 도로가 끊어지는 등 큰 피해가 생겨. 따라서 피해를 줄일 수 있도록 미리 지진에 대비해야 해!

화산 활동의 피해

화산 활동으로 분출되는 용암은 지표를 흐르며 주변을 뒤덮고 산불, 산사태 등을 일으켜. 화산 분출물인 화산재가 마을을 뒤덮기도 하고, 화산재 때문에 비행기의 운항도 하지 못하게 돼. 공기 중의 화산재는 생물의 호흡을 힘들게 만들기도 해. 이처럼 화산 활동은 우리 생활에 여러 가지 피해를 줘.

용암이 마을을 뒤덮거나 산불을 일으켜.

화산재가 비행기의 운항을 어렵게 해.

화산재와 화산 가스 때문에 숨을 쉬기 힘들어져.

화산 활동의 이로움

화산 활동은 피해를 주기도 하지만 이로움을 주기도 해. 화산 주변의 온천을 개발하여 관광지로 이용하고, 마그마 때문에 생긴 땅의 열을 이용해 전기를 만들 수도 있어. 또한 화산재는 땅을 비옥하게 하여 농작물이 잘 자라게 만들기도 해.

화산 주변 땅속의 열로 온천을 개발해.

화산 주변의 땅속 열을 이용해 전기를 만들어.

화산재가 쌓인 곳은 땅이 비옥해져.

한 꼭지 퀴즈

지진에 의해 발생할 수 있는 현상이 <u>아닌</u> 것을 말하고 있는 친구는 누구일까?

①  용암이 마을을 뒤덮고 산불을 일으켜!

②  산사태가 발생하여 마을에 인명 피해가 발생할 수 있어.

③  지진 해일이 발생해서 바닷물이 마을을 덮칠 거야.

④  다리가 무너져서 자동차 사고가 날 수도 있어!

12 지진에 대비하는 자세
준비된 자, 바닐라

지진 발생 전 대비하기

어떤 준비를 해야 할까?

지진은 예고 없이 발생하기 때문에 평소에 지진 대처 방법을 알아 두는 것이 중요해. 지진이 발생했을 때 빨리 대처하기 위해서 비상식량이나 구급약품 등을 미리 챙겨 두는 것이 좋아.

- **침낭**: 야외에서도 몸을 따뜻하게 할 수 있어.
- **생수**: 깨끗한 물을 마실 수 있어.
- **통조림, 비스킷**: 오래 보관할 수 있고 바로 먹을 수 있어.
- **구급약품**: 다치거나 아플 때를 대비해.
- **라디오**: 지진 정보를 얻을 수 있어.
- **휴지**: 더러운 곳을 쉽게 닦을 수 있어.
- **마스크**: 깨끗한 공기를 마실 수 있어.
- **손전등**: 어두운 곳을 밝힐 수 있어.

흔들림에 대비해

넘어지거나 떨어져 깨지기 쉬운 물건 등은 고정하는 것이 좋아. 혹은 낮은 곳에 보관해서 떨어지는 사고를 예방해야 해. 화재가 발생할 수 있는 곳에는 소화기를 준비하고, 지진이 발생했을 때 어디로 대피해야 하는지 가까운 대피 장소를 미리 알아 둬야 해.

- 냉장고가 넘어지지 않도록 고정해 놨어.
- 어디, 지진에 대비해 볼까?
- 물건이 떨어지지 않도록 문을 닫고 고정했지.
- 아니 이걸 언제 다 했어?
- 깨지기 쉬운 물건은 낮은 곳에 뒀어.

지진 대비 확인 사항
- ☐ 가구나 냉장고 등이 넘어지지 않도록 고정
- ☐ 텔레비전, 꽃병 등을 낮은 곳에 두기

지진이 발생했을 때 대피하기

건물 안에 있는 상황이라면?

흔들리는 동안에는 책상이나 탁자 아래로 들어가 머리와 몸을 보호해야 해. 흔들림이 멈추면 전기와 가스를 차단하고 출구를 확보해. 그리고 밖으로 이동할 때는 엘리베이터 대신 계단을 이용하도록 해.

건물 밖에 있는 상황이라면?

가방이나 옷으로 머리를 보호하며 건물과 담에서 최대한 멀리 떨어져서 이동해. 쓰러질 전봇대나 나무가 없고, 간판이나 바위 등이 떨어지지 않는 넓은 장소로 대피하는 것이 좋아. 바닷가에 있다면 지진 해일을 피해 높은 지역으로 이동해.

지진 발생 후 대처하기

지진이 멈춘 후에는 어떻게 해야 할까? 라디오나 공공 기관의 안내 방송 등 믿을 수 있는 정보에 따라 행동하는 것이 중요해. 주변에 다친 사람이 있는지 살피고 응급 처치를 하거나 구조 요청을 해야 해. 그리고 주변에 붕괴될 위험이 있거나 화재가 발생할 가능성이 있는 곳이 있는지도 확인해야 해.

한 꼭지 퀴즈

바닐라가 메고 있는 가방은 지진에 대비한 생존 가방이었어. 안에 담아야 할 물건으로 적합하지 <u>않은</u> 것은 무엇일까?

① 물
② 손전등
③ 과일
④ 구급상자

3진화 불덩몬 — 화산과 지진을 멈출 수 있다.

화산과 지진

1. 화산
- 땅속 깊은 곳의 암석이 녹아서 생긴 마그마가 지표면으로 분출하는 현상을 화산 활동이라고 해.
- 화산이 분출할 때 고체, 액체, 기체 상태의 화산 분출물이 나와.

화산 가스, 화산재

용암

화산 암석 조각

2. 화강암과 현무암

화강암
- 색깔이 밝아.
- 암석을 이루는 알갱이가 커.
- 마그마가 땅속 깊은 곳에서 천천히 식어서 만들어져.

현무암
- 색깔이 어두워.
- 암석을 이루는 알갱이가 작아.
- 마그마가 지표 가까이에서 빠르게 식어서 만들어져.

3. 지진
- 땅이 지구 내부의 힘을 오랫동안 받아 휘어지거나 끊어지면서 흔들리는 현상이야.
- 평소 지진 대피 방법을 익혀 둬야 해.

책상 아래로 들어가 몸을 보호해.

계단을 이용해 빠르게 이동해.

머리를 보호하며 건물로부터 대피해.

4. 화산과 지진이 우리 생활에 미치는 영향

화산	피해	- 용암에 의해 산불이 일어나. - 화산재가 마을을 뒤덮고 비행기가 날 수 없어.
	이로운 점	- 화산 주변의 지열로 전기를 만들어. - 화산재가 땅을 비옥하게 만들어. - 화산으로 만들어진 지형을 관광 자원으로 이용해.
	지진의 영향	- 건물 및 도로가 무너지고 화재가 발생할 수 있어. - 산사태나 지진 해일이 일어나.

바닷속에서 우주까지

2022년 1월 15일, 남태평양에 있는 섬나라 통가 근처의 해저에서 화산이 폭발했어. 화산 폭발은 육지에서만 일어나는 게 아니야. 이날 바다 아래에서부터 치솟은 화산재와 화산 가스가 지표면으로부터 57 km 높은 상공까지 올라갔다고 해.

높이 치솟은 화산 기둥을 지구 밖 위성으로도 관찰할 수 있었는데, 인류 역사상 화산 기둥이 이렇게 높이까지 올라간 걸 처음 관측한 사례가 되었어. 용암이 바닷물과 만나면서 엄청난 양의 수증기가 갑자기 만들어져 이렇게 높이 치솟은 거야.

통가에서 800 km쯤 떨어진 섬에서도 화산 폭발음이 들렸대. 심지어 통가로부터 약 8,800 km 떨어진 우리나라에서도 화산이 폭발하고 몇 시간 후 기압이 순간적으로 변하는 현상이 관측됐어. 화산 폭발이 얼마나 큰 영향을 미치는지 상상할 수 있겠지?

도전! 과학 영재반

1 간식단이 TV를 보다가 어느 산의 모습을 보고 나눈 대화야. 빈칸에 들어갈 알맞은 말은 무엇일까?   답 :

2 화산이 폭발할 때 나오는 화산 분출물은 어떤 상태로 분출되는지 짝지어 보자.

고체　　　　액체　　　　기체

3 간식단이 마그마가 천천히 식어서 생긴 암석이 사용되는 곳의 사진을 찍어 오기로 했어. 사진을 잘못 찍어 온 친구는 누구일까?   답 :

4 화산 활동은 우리 생활에 이로운 영향을 주기도 하고 피해를 주기도 해.
화산 활동이 주는 이로운 영향의 예에는 '이', 피해를 주는 예에는 '피'를 써 보자.

5 지진이 발생했어! 지진에 안전하게 대처하지 <u>못한</u> 친구는 누구일까?

답 :

지진 해일이 다가오자 불덩몬이 간식단에게 다시 만날 장소에 대한 암호를 남기고 떠났어.
각 칸의 중심에서 화살표 길이만큼 선을 그리면 글자가 나타날 거야.
간식단은 지진 해일을 피해 어디로 가야 불덩몬을 만날 수 있을까?

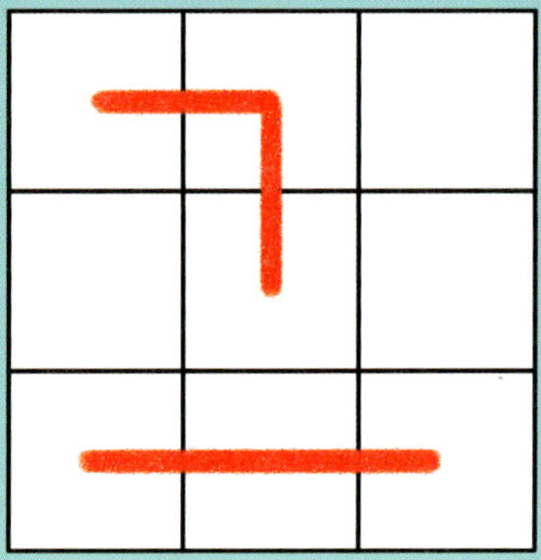

아, 알겠다. 이건 '기역'과 '으'구나.

5. 태양계와 별

날 닮은 별자리!

13 태양이 지구에 미치는 영향
외계에서 온 그대

지구와 태양

그럼 일단 지구와 태양을 소개해 볼까?

우리가 사는 이곳은 지구라고 해. 하늘에 떠서 지구를 밝게 비추고 있는 게 태양이야.

지구와 태양은 달라

태양이 뜨면 밝은 낮이 되고, 태양이 지면 어두운 밤이 돼. 태양이 빛을 내고 있기 때문이야. 이렇게 스스로 빛을 내는 천체를 항성이라고 해. 지구는 스스로 빛을 내지 않고 태양 주위를 돌고 있어. 지구와 같은 천체를 행성이라고 해.

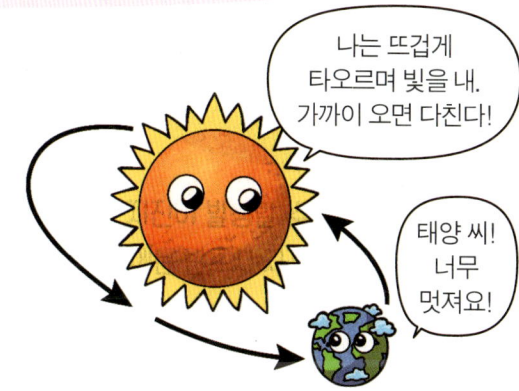

태양은 지구의 에너지원이야

우리는 음식을 먹어서 생활하는 데 필요한 에너지를 얻어. 우리가 살고 있는 지구도 에너지가 필요해. 물과 대기가 끊임없이 순환하고, 기온이 일정하게 유지되려면 에너지가 필요하지. 지구는 이 모든 에너지를 태양으로부터 얻어. 태양은 스스로 빛을 내며 많은 에너지를 만들고 있거든.

태양이 지구에 미치는 영향

태양 에너지는 지구에서 물이 순환하게 하고, 지구를 따뜻하게 하여 생물이 살아가기에 알맞은 온도를 유지하게 해. 식물은 태양 에너지로 양분과 산소를 만들고, 동물은 그 양분을 먹고 살지. 이렇게 태양은 지구 환경과 지구에 사는 생물에게 큰 영향을 미치고 있어. 게다가 우리는 태양 에너지를 생활에서 다양하게 사용해. 태양 빛으로 전기를 만들고, 농사를 짓고, 소금을 얻고, 빨래도 말리는 등 살아가는 데 필요한 에너지의 대부분을 태양에서 얻고 있어.

태양 에너지로 전기 에너지를 만들어.

나는 옷도 안 입는데 왜 내가 빨래를!

태양 에너지로 빨래를 말려.

태양 에너지를 이용해 자란 식물을 먹고 동물들도 자라.

젖소에서 딸기 우유가 나오면 참 좋을 텐데.

태양 에너지를 이용해 농작물을 키워.

올해도 태양 덕에 농사가 잘되었군!

내 피부의 비결은 선탠이지.

태양 에너지를 이용해 우리 몸에 필요한 영양분을 얻어.

한 꼭지 퀴즈

보이저몬에게 지구가 생물이 살기 좋은 환경을 가진 비결로 태양을 소개해 줬어. 태양의 역할을 제대로 소개하지 <u>못한</u> 친구는 누구일까?

①  태양 빛에 의해 공기가 따뜻해져!

②  태양 빛을 이용해 빨래를 말릴 수 있어.

③  태양 빛을 이용해 소금을 얻을 수 있어.

④  태양 빛을 받으면 모든 물체가 빠르게 달릴 수 있어.

기본
보이저몬
전자 제품 모양으로 변신할 수 있다.

5. 태양계와 별 91

14 태양계 행성
행성 여행자 몬스터

태양계의 구성원

태양계는 무엇으로 이루어져 있을까?

태양과 태양의 영향이 미치는 공간, 그 공간에 있는 천체를 통틀어 **태양계**라고 해. 우리가 사는 지구도 태양계의 천체 중 하나야. 태양계에는 태양과 여덟 개의 **행성**인 수성, 금성, 지구, 화성, 목성, 토성, 천왕성, 해왕성이 있어. 그리고 달처럼 행성 주위를 도는 **위성**도 있지.

태양계에는 어떤 행성이 있을까?

수성, 금성, 지구, 화성은 단단한 표면을 가지고 있고, 고리가 없는 행성이야. 목성, 토성, 천왕성, 해왕성은 기체로 이루어져 있어서 표면이 단단하지 않고, 고리를 가지고 있는 행성이야.

태양계 행성의 거리와 크기

누가 제일 멀리 있을까?

*그림에서 태양계 행성의 크기와 행성 사이의 거리는 실제 비율과 달라.

누가 제일 클까?

태양계 행성은 크기가 서로 달라. 태양계 행성 중 가장 큰 행성은 목성, 가장 작은 행성은 수성이야.

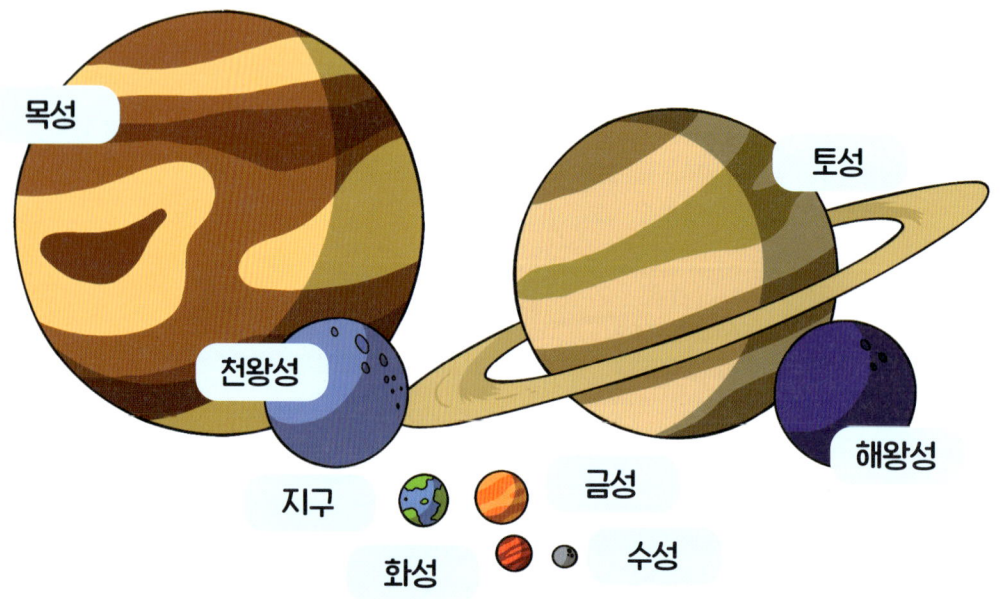

태양계 행성 중에는 지구보다 태양에 가까이 있는 행성도 있고, 멀리 있는 행성도 있어. 태양에서 가장 가까이 있는 행성은 수성이고 가장 멀리 있는 행성은 해왕성이야. 태양에서 거리가 멀어질수록 행성 사이의 거리가 멀어져. 수성, 금성, 지구, 화성은 목성, 토성, 천왕성, 해왕성에 비하면 상대적으로 태양 가까이에 있어.

천왕성   해왕성

한 꼭지 퀴즈

간식단이 보이저몬을 위해 태양계의 행성들을 소개하고 있어. 잘못 소개한 친구는 누구일까?

① 태양에서 가장 가까운 행성은 수성이야.
② 태양계에서 가장 큰 행성은 목성이야.
③ 태양에서 가장 멀리 있는 행성은 해왕성이야.
④ 모든 행성은 단단한 표면을 가지고 있어.

1진화
보이저몬

발밑의 고리로 시공간을 이동할 수 있다.

15 태양계 행성의 특징
몬스터가 보내 온 편지

수성과 금성

🔍 태양계에서 가장 작은 행성은?

안녕, 간식단 친구들!
난 제일 먼저 **수성**에 갔어. 태양과 가장 가까운 행성부터 시작하고 싶었거든.

제일 작은 행성이기도 하다는데, 달보다 조금 큰 정도더라. 달처럼 수성에도 공기가 거의 없었어. 태양을 바라볼 때는 너무 뜨겁고, 태양을 등지고 있을 때는 너무 추워서 살기 좋은 곳은 아닌 것 같아.

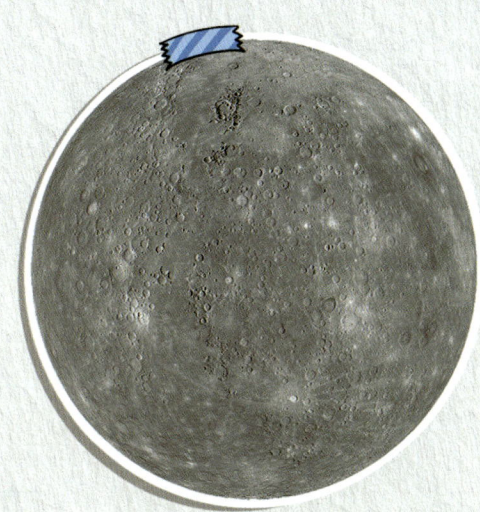

구덩이가 많지만, 달보다는 적네.

🔍 아름답지만 무서운 행성이야

두 번째로 **금성**에 갔어.
금성은 지구에서도 아주 밝게 보여서 샛별이라고 부른다며? 밖에서 볼 땐 금빛인데 도착해보니 진짜, 엄청, 무척 뜨겁고 더웠어! 대기는 이산화 탄소로 가득 차서 지표면 근처의 온도는 400 ℃가 넘어갈 정도야. 게다가 대기가 엄청 두꺼워서 바람도 지구 태풍의 몇 배나 강하게 불어. 여긴 진짜 극한의 환경이라 너희들은 와 보기도 힘들 거야.

겉으로 볼 땐 예쁜 행성이네~

너무 뜨겁고 바람도 세!

화성과 목성, 토성

🔍 화성은 붉은 행성이야

화성은 남극만큼 추워!

지구를 지나쳐 **화성**으로 갔어. 화성은 붉게 보이는데 지표면에 붉은빛의 산화 철이라는 물질이 많아서야. 그리고 지구처럼 극지방에 얼음덩어리가 있어. **극관**이라고 해. 근데 이건 물이 아니고 이산화 탄소가 얼어 있는 드라이아이스야. 화성은 지구에서 탐사를 가장 활발하게 하는 행성이야. 땅 위에 돌아다니고 있는 탐사 로봇들을 만나서 걔들이랑 놀다 왔어.

🔍 태양계에서 가장 큰 행성은?

다음은 어디인지 알고 있지? **목성**이야. 목성은 태양계에서 가장 큰 행성답게 진짜 크더라! 나머지 행성들을 다 합쳐도 목성의 절반도 되지 않을 정도로 무겁기까지 해. 목성은 대부분 기체로 이루어져 있어서 딛고 설 딱딱한 땅이 없어 보였어. 목성의 줄무늬는 기체들이 움직이며 생긴 거야. 특히 아주 큰 붉은 소용돌이는 **대적점**이라고 해.

저기가 대적점이야!

🔍 크고 아름다운 고리를 가진 행성은?

토성은 엄청 큰 고리를 갖고 있어. 사실 고리는 목성, 천왕성, 해왕성도 가지고 있는데 가늘어서 잘 보이지 않아. 토성은 태양계 행성 중 가장 많은 위성을 가진 행성이기도 해. 토성도 목성처럼 기체로 이루어져 있고 자전 속도가 매우 빨라서 약간 눌린 공 모양을 하고 있어.

사실 고리는 얼음과 먼지들로 이루어져 있어서 이렇게 서 있을 수 없어~

천왕성과 해왕성

천왕성과 해왕성은 태양에서 가장 멀리 있는 행성들인데 비슷한 점이 많아. 크기도 비슷하고, 대기 성분도 비슷해. 태양 빛 중에 붉은색은 흡수하고 푸른색만 반사시켜서 파랗게 보이지. 두 행성의 큰 차이점은 천왕성이 누워서 돌고 있는 행성이라는 거야. 그리고 해왕성은 목성처럼 대기의 활발한 움직임 때문에 점이 있어. 이건 검게 보여서 **대흑점**이라 불러.

한 꼭지 퀴즈

편지를 읽고 스트로베리도 행성 여행을 가고 싶다고 짐을 싸기 시작했어. 스트로베리가 가고 싶어 하는 행성은 어디일까?

"나도 크고 아름다운 고리를 직접 보고 싶어!"

① 금성　　② 화성
③ 목성　　④ 토성

2진화
보이저론
우주를 여행하면서 여러 가지 소리를 수집할 수 있다.

16 밤하늘의 별자리
태양 말고 다른 별 없어?

별의 특징

  밤하늘에 보이는 게 전부 별은 아니야

별은 태양처럼 스스로 빛을 내는 천체야. 밤하늘의 금성, 화성, 목성과 같은 행성도 밝게 빛나서 별처럼 보이지만, 스스로 빛을 내는 것이 아니라 태양 빛을 반사해서 빛나 보이는 거지. 따라서 행성들은 별이 아니야. 별은 태양계 행성보다 지구에서 매우 먼 거리에 있어.

별과 행성을 어떻게 구별할까?

여러 날 동안 같은 시각, 같은 장소에서 밤하늘을 관측하면 별은 거의 움직이지 않는 것처럼 보여. 태양계 행성은 별보다 지구 가까이에서 태양 주변을 돌고 있기 때문에 위치가 서서히 변하는 것을 볼 수 있어. 그리고 태양계 행성은 별보다 더 밝고 또렷하게 보이며 빛이 깜빡거리지 않아.

옛날 사람들은 밤하늘에서 밝게 보이는 별을 몇 개씩 이어 모양을 만들고 닮은 동물이나 물건, 신화 속 인물의 이름을 붙였어. 이렇게 무리 지어 있는 별을 연결해 이름 붙인 것을 **별자리**라고 해.

북쪽 하늘 별자리

🔍 북쪽 하늘엔 곰이 있어

북쪽 하늘에서 볼 수 있는 별자리에는 카시오페이아자리, 작은곰자리, 큰곰자리 등이 있어. 작은곰자리는 북극성을 포함하고 있는 별자리이고, 큰곰자리는 북두칠성을 포함하고 있어.

🔍 북극성은 길잡이 별이야

옛날 사람들은 바다 한가운데에서 어떻게 방향을 찾을 수 있었을까? 낮에는 태양을 보고, 밤에는 별을 보면서 방향을 찾았어. 특히 **북극성**은 북쪽 하늘에서 거의 움직이지 않고, 언제나 볼 수 있기 때문에 북극성을 찾으면 방향을 쉽게 알 수 있어.

북극성 찾기

밤하늘에서 북두칠성과 카시오페아자리를 이용해 북극성을 찾으면 태양이나 나침반 없이도 북쪽을 찾을 수 있어. 북극성을 바라보고 섰을 때 정면으로 보이는 쪽이 북쪽이야.

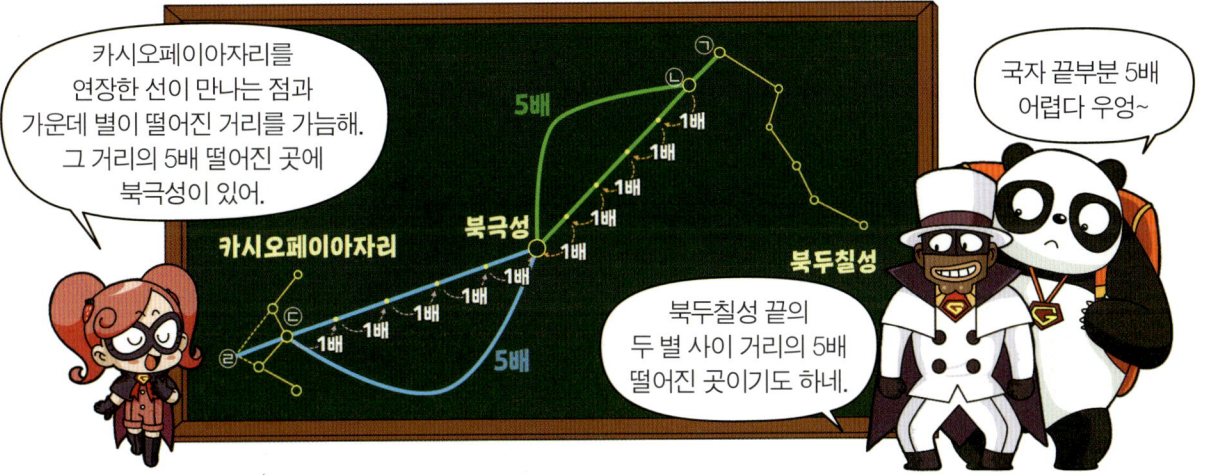

한 꼭지 퀴즈

보이저몬이 별자리를 공부하는 중이야.
북쪽 하늘에서 볼 수 <u>없는</u> 것은 무엇일까?

① 북두칠성

② 작은곰자리

③ 북극곰자리

④ 카시오페아자리

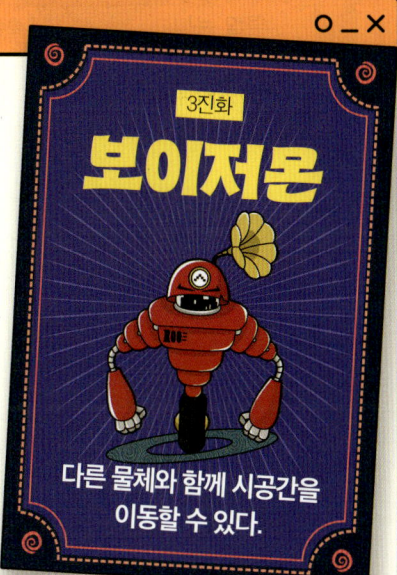

태양계와 별

1. 태양이 미치는 영향

태양은 지구의 에너지원이야.

식물을 자라게 해.   물을 순환하게 해.   전기를 만들 수 있어.

2. 태양계

- 태양계는 태양과 태양의 영향을 받는 천체, 태양의 영향이 미치는 공간을 말해.
- 태양계 행성 중에서 가장 작은 행성은 수성, 가장 큰 행성은 목성이야.
- 태양에서 가장 가까운 행성은 수성, 가장 먼 행성은 해왕성이야.

 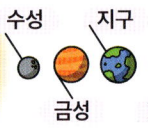  

태양   수성 지구 금성 화성   목성   토성   천왕성 해왕성

3. 별과 별자리

- 태양처럼 스스로 빛을 내는 천체를 별이라고 해.
- 무리 지어 있는 별을 서로 연결하여 이름을 붙인 것이 별자리야.
- 북쪽 하늘의 대표적인 별자리

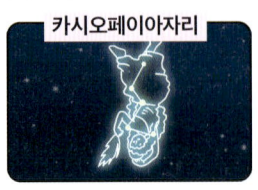 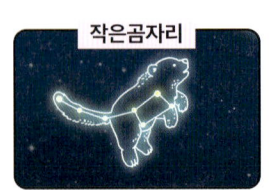 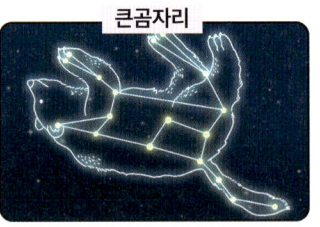

카시오페이아자리   작은곰자리   큰곰자리

4. 별자리로 방향 찾기

- 북극성의 위치를 알면 북쪽을 알 수 있어.
- 북두칠성과 카시오페이아자리를 이용해 북극성을 찾을 수 있어.

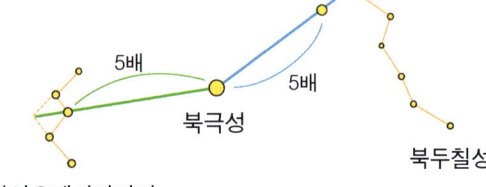

내가 진짜 보이저!

보이저는 항해자, 여행자라는 의미를 가진 단어야.
1977년에 NASA에서 태양계를 관찰하기 위해 우주로 보낸 우주 탐사선의 이름이기도 하지. 보이저 1호는 목성과 토성을 거쳐 현재 태양에서 약 245억 km 떨어진 곳을 항해하고 있어. 인류 역사상 가장 먼 곳을 항해하는 탐사선이야. 보이저 2호는 목성, 토성, 천왕성, 해왕성을 거쳐 1호를 따라 두 번째로 먼 곳을 항해하고 있어. 2호는 천왕성과 해왕성을 지나간 유일한 탐사선이야.

보이저호는 태양계를 벗어나 계속 넓은 우주를 여행할 예정이라, 외계의 생명체에게 발견될 가능성을 고려해서 지구의 정보를 담은 레코드판을 실어서 보냈어. 지구의 위치 정보와 사진을 담고 세계 각국의 언어로 녹음된 인사말도 넣었어. 보이저호가 외계 생명체에게 발견되면 어떤 일이 벌어질까?

도전! 과학 영재반

1 간식단이 태양이 지구에 미치는 영향을 조사해 왔는데 다들 한 단어씩 빠뜨리고 적어 왔어. 빠진 곳에 알맞은 말을 <보기>에서 찾아서 완성해 보자.

< 보기 >
㉠ 태양 ㉡ 식물 ㉢ 동물 ㉣ 전기 ㉤ 물 ㉥ 에너지

(1) 태양 빛을 이용해서 (   ) 에너지를 만들어 사용해.

(2) 태양 에너지가 지표면의 (   )을 증발시켜 구름을 만들어.

(3) (   )은 태양 빛을 이용해 스스로 양분을 만들어.

(4) 태양은 지구를 따뜻하게 하고 생물에게 (   )를 공급해 줘.

2 쿠앤크가 태양계 행성 중 가장 가 보고 싶은 행성의 카드를 골라 봤어. 이 행성이 어떤 행성인지 써 보자.

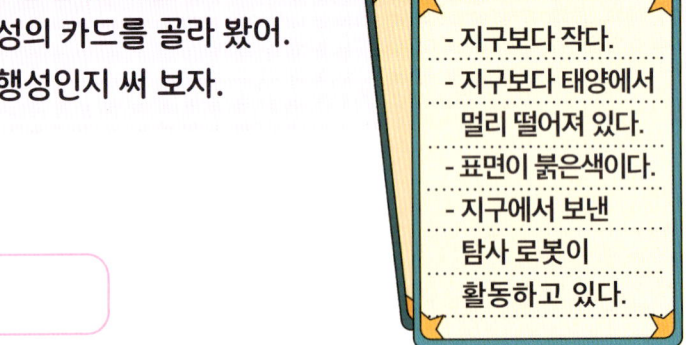
- 지구보다 작다.
- 지구보다 태양에서 멀리 떨어져 있다.
- 표면이 붉은색이다.
- 지구에서 보낸 탐사 로봇이 활동하고 있다.

답 :

3 태양계 행성이 모여 자기소개를 하고 있어. 그런데 진실을 말하고 있는 건 하나뿐이야. 자신을 옳게 소개한 행성은 누구일까?

답 :

① 수성
나는 공기가 없어. 태양에서 가장 먼 곳에 있는 행성이야.

② 금성
나는 샛별이라고도 불러. 표면에 산화 철이 많아서 빛나 보여.

③ 토성
나는 크고 아름다운 고리가 있어. 태양계에서 두 번째로 큰 행성이지.

④ 해왕성
나는 달처럼 충돌 구덩이가 많아. 태양과 가장 가까이 있는 행성이야.

바닐라가 밤하늘을 관찰하고 별자리 그림을 칠판에 그렸어.
별자리에 대해 옳게 설명한 친구는 누구일까?

답 :

① 스트로베리　　② 쿠앤크　　③ 바닐라　　④ 초코

 북두칠성을 이용해서 북극성을 찾으려고 해.
㉠~㉤ 중 북극성의 위치로 옳은 것은 무엇일까?

답 :

보이저몬이 태양계 행성 중 한 곳에 다시 가 보려고 여행을 떠났어.
그 행성에서만 볼 수 있는 이것을 보러 간다며 수수께끼를 남겨 놓았네.
보이저몬은 어떤 행성에 무엇을 보러 간 것일까?

수　　금　　지　　화

목　　토　　천　　해

나 이거 보러 다녀올게!

6. 날씨와 우리 생활

나랑 눈사람 만들지 않을래~

17 공기 중의 수증기
화장실에서 나타난 이유

습도

눈으로 볼 수 없지만 공기 중에는 수증기가 있어. 공기 중에 수증기가 얼마나 포함되어 있는지 알아보자.
습도는 온도계 두 개로 구성된 건습구 습도계로 측정할 수 있어. 건습구 습도계는 일반적으로 기온을 측정할 때 사용하는 건구 온도계와 젖은 헝겊으로 감싼 습구 온도계로 이뤄져 있어.

건습구 온도계로 온도를 측정한 후 습도표를 이용해 습도를 구할 수 있어.

① 세로줄에서 건구 온도를 찾아.

② 가로줄에서 건구 온도와 습구 온도의 차 (20-18=2)를 찾아.

③ ①과 ②가 만나는 곳의 숫자를 읽어.

건구 온도 (℃)	건구 온도와 습구 온도의 차(℃)										
	0	1	2	3	4	5	6	7	8	9	10
18	100	91	82	73	64	56	48	41	33	23	19
19	100	91	82	74	65	57	50	42	35	28	22
20	100	82	83	74	66	59	51	44	37	30	24
21	100	91	83	75	67	60	52	45	39	32	26

현재 습도는 83%

습도와 우리 생활

습도가 높으면 곰팡이가 생기거나 음식물이 부패하기 쉽고, 빨래가 잘 마르지 않아.

- 음식이 쉽게 상함
- 욕실에 곰팡이가 생김
- 김 같은 음식이 눅눅해 짐

습도가 낮으면 코나 목이 건조해지면서 호흡기 질환에 걸리기 쉬워. 건조한 날이 계속되면 산불이 잘 일어날 수 있어.

- 빨래가 잘 마름
- 산불이 잘 발생함
- 피부가 건조해져 자주 가려움

습도가 낮아 공기 중 수증기가 적을 때는 습기를 가해 주는 가습기를 사용하고, 습도가 높아 공기 중 수증기가 많을 때는 공기 중 습기를 제거해 주는 제습기를 사용해. 김 통 안이나 옷장 안에 습기 제거제를 넣어서 습도를 낮추기도 하지. 자연적으로 습기를 잘 흡수하는 숯, 신문지 등을 통해 습기를 제거할 수도 있어.

이슬과 안개

맑은 날 이른 아침에 풀잎이나 거미줄에 맺혀 있는 물방울을 볼 수 있어. 이러한 물방울을 이슬이라고 해. 밤사이 비가 오지 않았는데 물방울이 맺히는 까닭은 무엇일까? 유리컵에 물과 얼음을 넣고, 유리컵 표면을 마른 수건으로 잘 닦은 후 표면의 변화를 살펴보자.

얼음물이 담긴 높이까지만 컵 표면에 작은 물방울이 맺힌 걸 볼 수 있어. 공기 중 수증기가 유리컵의 차가운 표면을 만나 물방울로 변한 거야. 이런 현상을 **응결**이라고 해. 이슬은 밤사이에 차가워진 나뭇가지나 풀잎 표면 등에 수증기가 응결해 물방울이 맺힌 거지.

맑은 날 이른 아침, 주변이 뿌옇게 보이는 현상은 **안개**야. 밤이 되면 낮 동안 햇빛을 받아 뜨거워졌던 지표면이 차가워져. 지표면이 차가워지면 지표면 근처에 있는 공기 중의 수증기가 응결해 작은 물방울로 떠 있게 돼. 이 물방울 때문에 앞이 뿌옇게 보이는 거야. 그래서 안갯속을 지나가면 축축함을 느낄 수 있어.

한 꼭지 퀴즈   O_X

뽀송몬이 좋아하는 이슬과 안개에 대해 옳지 <u>않은</u> 설명을 한 친구는 누구일까?

① 이슬, 안개 모두 응결에 의해 만들어져.
② 이슬은 수증기가 물방울로 맺히는 현상이야.
③ 안개는 지표면 근처에 물방울이 떠 있는 현상이야.
④ 응결은 수증기가 눈에 보이는 현상이야.

기본
뽀송몬

습도가 높은 곳을 좋아하며 공기 중의 물방울을 먹는다.

18 비와 눈이 내리는 원리
날고 싶은 뽀송몬

구름

지표면 근처의 공기가 하늘로 올라가면 공기의 온도가 점점 낮아져. 온도가 낮아지면 공기 중의 수증기가 응결하게 되지. 수증기가 응결해 작은 물방울이 되거나, 얼음 알갱이로 얼어 하늘에 떠 있는 것을 **구름**이라고 해.

비와 눈

🔍 태어난 곳이 달라

이슬, 안개, 구름은 모두 공기 중의 수증기가 응결해 나타나는 현상이야. 하지만 만들어지는 위치에 따라서 다르게 보이고, 이름을 구분하는 거야. 수증기가 응결해 차가운 물체의 표면에 맺힌 것은 이슬, 지표면 근처에 떠 있는 것은 안개, 높은 하늘 위에 떠 있는 것은 구름이야.

🔍 비는 어떻게 만들어질까?

구름을 이루는 물방울은 아주 작아서 떠 있을 수 있어. 그런데 물방울이 서로 합쳐져 크기가 커지고 무거워지면 지표면으로 떨어지면서 **비**가 되어 내려.

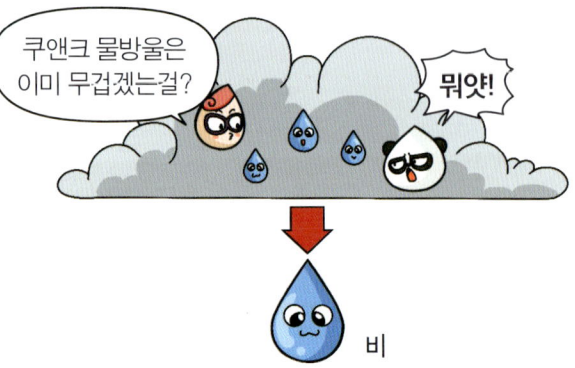

🔍 눈은 어떻게 만들어질까?

구름 속에는 물방울만 있는 게 아니라 작은 얼음 알갱이가 있는 경우도 있어. 구름 속 작은 물방울과 얼음 알갱이끼리 서로 부딪히고 합쳐지면서 점점 커지게 돼. 그러다 무거워진 얼음 알갱이가 떨어지게 되지. 떨어지다가 녹은 경우에는 비가 돼. 구름 속에서 크기가 커진 얼음 알갱이가 녹지 않고 지표면에 떨어지면 **눈**이 되는 거야.

한 꼭지 퀴즈

너무 아쉬웠던 쿠앤크는 결국 돌아온 비행정을 다시 타고 올라갔어. 위로 올라간 쿠앤크가 맛볼 수 있는 물방울은 무엇일까?

① 이슬　　② 안개　　③ 구름

1진화 뽀송몬

날개 없이 바람을 타고 이동할 수 있다.

19 바람이 부는 이유
탈출을 꿈꾸는 뽀송몬

고기압과 저기압

공기는 무게가 있어. 공기의 무게 때문에 생긴 공기가 누르는 힘을 **기압**이라고 해. 공기의 양이 많을수록 무거워지고, 기압은 높아져. 공기의 무게는 공기의 온도에 따라 달라지는데 공기의 온도가 낮아지면 같은 크기의 공간에 있는 공기의 양이 많아져서 무거워지지. 반대로 공기의 온도가 높아지면 같은 크기의 공간에 있는 공기의 양이 적어져서 가벼워져.

공기의 양이 주위보다 적은 곳을 **저기압**이라고 하고, 공기의 양이 주위보다 많은 곳을 **고기압**이라고 해. 상대적으로 차가운 공기는 따뜻한 공기보다 기압이 높고, 따뜻한 공기는 차가운 공기보다 기압이 낮아.

바람이 부는 과정

온도가 다른 두 지역 사이에는 기압 차이가 나타나. 온도가 높은 따뜻한 공기는 위로 올라가서 지표면 근처가 저기압이 되고, 온도가 낮은 차가운 공기는 아래로 내려와 고기압이 생겨. 공기는 공기가 많은 고기압에서 공기가 적은 저기압으로 이동하게 돼. 이처럼 기압 차이 때문에 공기가 이동하는 것을 **바람**이라고 해.

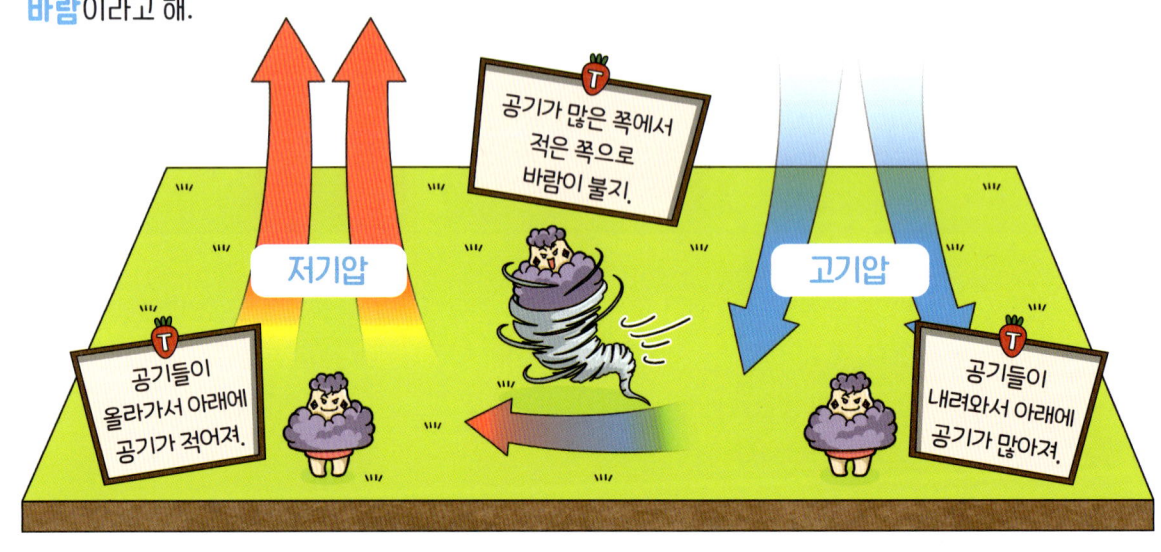

바닷가에서 부는 바람

바닷가에서는 낮과 밤에 바람의 방향이 바뀌어. 낮에는 육지가 바다보다 빨리 데워지기 때문에 육지의 온도가 바다보다 높지. 그래서 육지 위는 저기압, 바다 위는 고기압이 돼. 공기는 고기압에서 저기압으로 이동하므로 낮에는 바다에서 육지로 바람이 불어. 이처럼 바다에서 불어오는 바람을 **해풍**이라고 해.

밤에는 육지가 바다보다 빠르게 식어서 육지의 온도가 바다보다 낮아져. 낮과는 반대로 온도가 낮은 육지 위가 고기압, 바다 위가 저기압이 돼. 따라서 밤에는 육지에서 바다로 바람이 불어. 이처럼 육지에서 부는 바람을 **육풍**이라고 해.

한 꼭지 퀴즈

뽀송몬이 바람을 타고 날려고 해. 그림과 같이 고기압과 저기압이 생겼다면, 뽀송몬은 어느 방향으로 이동할 수 있을지 화살표로 그려 보자.

20 날씨와 우리 생활
뽀송몬이 타고 오는 바람은?

우리나라 계절별 날씨의 특징

우리나라 주변에는 대륙이나 바다를 덮고 있는 큰 공기 덩어리들이 있어. 이 공기 덩어리들은 온도나 습도가 서로 달라서 우리나라 날씨에 각각 다른 영향을 줘. 우리나라의 계절별 날씨는 영향을 주는 공기 덩어리의 성질에 따라 달라져. 봄과 가을에는 건조하고 따뜻한 공기 덩어리, 여름에는 따뜻하고 습한 공기 덩어리, 겨울에는 차갑고 건조한 공기 덩어리의 영향을 받아.

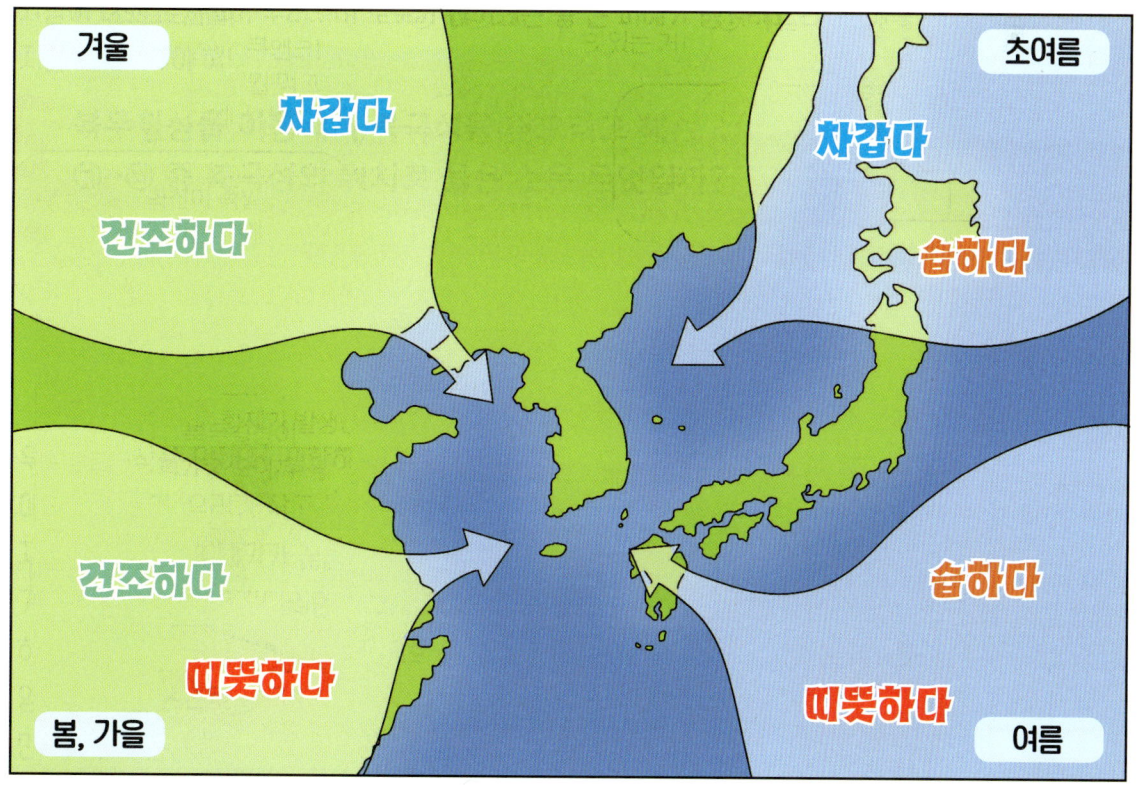

날씨가 우리 생활에 미치는 영향

날씨는 우리의 옷차림이나 활동에 영향을 줘. 비가 내리는 날에는 우산을 쓰고, 춥고 눈이 내리는 날에는 따뜻한 옷을 입고 장갑을 착용해. 반면에 맑고 따뜻한 날에는 가벼운 옷차림으로 산책을 하거나 야외에서 운동을 즐겨. 이처럼 날씨와 우리 생활은 밀접한 관련이 있어. 또한 농부는 날씨 정보를 이용해 씨를 뿌릴 시기, 물을 줘야 할 시기, 곡물을 수확해야 할 시기 등을 조절하고, 어부는 비가 많이 내리거나 파도가 높은 날씨 등을 고려해 바다에 나갈 시기를 정해. 운전자는 안개가 끼거나 비나 눈이 많이 내리는 날씨에 대비해야 안전하게 운전할 수 있어.

가을

낙엽을 즐기는 가을 남자의 한 컷.

산불 조심

날씨도 좋고 먹을 것도 많당!

겨울

'렛 잇 고' 할 때까지는 좋았는데 너무 춥다.

눈길에 미끄러지지 않게 대비해야지.

나 왔어!

❓ 한 꼭지 퀴즈

운이 좋게도 마침 여름이라서 바다에 있던 뽀송몬이 다시 돌아오기 쉬웠어. 만약 우리나라의 계절이 겨울이라면 어느 공기 덩어리의 영향을 받고 있을까?

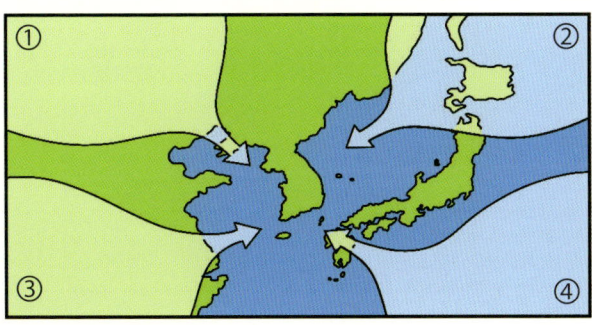

3진화
뽀송몬

태풍을 사라지게 할 수 있다.

날씨와 우리 생활

1. 습도
- 습도는 공기 중에 수증기가 포함된 정도를 말해.
- 습도가 높으면 음식이 쉽게 상하고 빨래가 잘 마르지 않아.
- 습도가 낮으면 피부가 건조해지고 산불이 나기 쉬워.

2. 이슬, 안개, 구름, 비, 눈
- 이슬, 안개, 구름은 공기 중의 수증기가 응결하여 생겨.

이슬: 수증기가 응결해 물체 표면에 맺혀.

안개: 수증기가 응결해 지표면 근처에 떠 있어.

구름: 수증기가 응결해 하늘에 떠 있어.

- 구름 속 작은 물방울들이 뭉쳐서 무거워지면 떨어지는 것이 비야.
- 구름 속에서 커진 얼음 알갱이가 녹지 않은 채로 떨어지는 것이 눈이야.

3. 바람이 부는 이유
- 공기의 무게 때문에 생기는 누르는 힘을 기압이라고 해.
- 주변보다 기압이 높은 곳은 고기압, 주변보다 기압이 낮은 곳은 저기압이야.
- 공기가 고기압에서 저기압으로 이동하면서 바람이 불어.

바닷가의 낮에는 바다에서 육지 쪽으로 바람이 불어.

바닷가의 밤에는 육지에서 바다 쪽으로 바람이 불어.

4. 우리나라의 계절별 날씨
- 우리나라는 계절별로 서로 다른 공기 덩어리의 영향을 받아.
- 봄, 가을은 따뜻하고 건조해.
- 여름은 덥고 습하며, 겨울은 춥고 건조해.

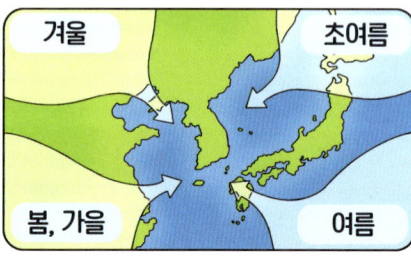

계절을 담은 속담

우리나라는 사계절이 뚜렷하게 나타나.
추위가 물러가고 따뜻해지면서 꽃이 피기 시작하는 봄, 덥고 습하지만 푸른 잎이 무성해지는 여름, 서늘해지면서 낙엽이 지는 가을, 춥고 눈이 내리는 겨울이 있지. 계절과 날씨 변화는 일상생활에 큰 영향을 미치기 때문에 옛날에도 관심의 대상이었어. 그래서 전해져 오는 속담에 계절과 관련된 것들이 많아. 속담에서 우리나라 날씨의 특징을 찾아보자.

봄 불은 도깨비불이라.

봄은 건조하고 싹이 나기 전의 마른 잎들이 많아서 불이 나기 쉬워. 불이 나면 마치 도깨비가 여기저기 나타나듯이 잘 번진다는 뜻이야.

유월 보름달은 고양이 코도 따스하다.

음력 유월 보름은 양력으로는 7월 말에서 8월 초야. 매우 더운 시기이지. 고양이가 코를 품에 묻을 필요가없을 정도로 덥다는 뜻이야.

가을비는 빗자루로도 피한다.

가을에 내리는 비는 양이 적어서 비가 내려도 빗자루 하나로 충분히 비를 피할 수 있다는 뜻이야. 가을은 건조한 공기 덩어리의 영향을 받기 때문이지.

눈발이 잘면 춥다.

날씨가 춥고 습기가 많이 없는 날에는 눈송이가 잘 뭉쳐지지 않아서 가루눈이 내려. 반대로 날씨가 조금 덜 춥고 습기가 많으면 눈이 잘 뭉쳐져서 함박눈이 내리지.

도전! 과학 영재반

1 간식단이 모두 같은 날의 경험을 말하기로 했는데 혼자 다른 날을 말한 친구가 있어. 그건 누구일까?

답:

① 초코 — 오늘은 빨래가 매우 잘 마르는 날이었어.
② 바닐라 — 오늘 손이 너무 건조해서 핸드크림을 계속 발랐어.
③ 쿠앤크 — 오늘 김을 먹으려고 꺼내 놨는데 금방 눅눅해졌어.
④ 스트로베리 — 뉴스에서 오늘 산불이 발생했다는 소식을 봤어.

2 찬물을 유리컵에 따랐더니 컵 표면에 물방울이 맺혔어. 이 현상과 비슷한 자연 현상을 말한 친구는 누구일까?

답:

① 초코 — 구름이 만들어지는 것과 같아.
② 쿠앤크 — 안개가 만들어지는 것과 같아.
③ 바닐라 — 이슬이 맺히는 것과 같아.

3 구름 속 얼음 알갱이가 물방울과 수증기를 모아 점점 커지고 있어. 어떤 일이 일어날지 ( ) 안에 알맞은 말을 써 줘.

구름 속 얼음 알갱이가 무거워져서 떨어지다가 녹으면 (㉠   )이(가) 되고, 녹지 않은 채로 떨어지면 (㉡   )이(가) 된다.

4 한쪽에는 따뜻한 물, 다른 쪽에는 얼음물이 든 수조를 놓고 두 수조 사이에 향을 피우면 향의 연기는 어떻게 될까?

답 :

① 향 연기는 따뜻한 물 쪽으로 휘어져 이동해.
② 향 연기는 얼음물 쪽으로 휘어져 이동해.
③ 향 연기는 위로 곧게 올라가.
④ 향 연기는 수조의 아래쪽으로 깔려.
⑤ 향에 불이 바로 꺼져서 연기가 생기지 않아.

5 우리나라의 계절별 날씨에 영향을 주는 공기 덩어리의 위치와 성질을 옳게 짝지어 봐.

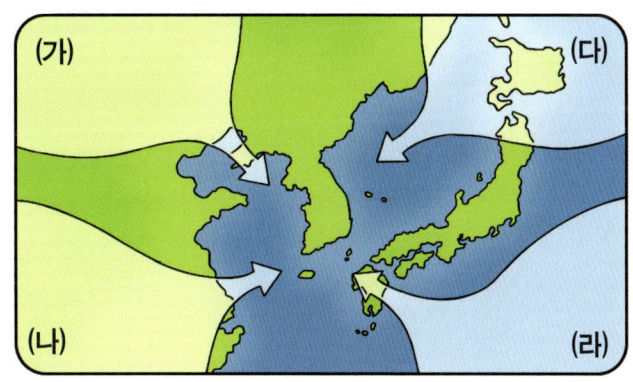

	위치	계절	성질
(1)	(가)	봄, 가을	차갑고 건조함
(2)	(나)	여름	따뜻하고 습함
(3)	(다)	겨울	차갑고 습함
(4)	(라)	초여름	따뜻하고 건조함

간식단과 뽀송몬이 스파이시 클럽을 초대해서 간식을 나누어 먹기로 했어.
식탁의 각 자리에 이름표를 미리 올려 두었는데 바람에 날아가 버렸지 뭐야.
원래 이름표를 놓았던 자리는 어디일까? 단서 쪽지를 읽고 추리해 보자.

- 로즈의 반대편에는 아무도 앉지 않았어.
- 쿠앤크는 로즈의 오른쪽에 앉았어.
- 초코와 민트는 사이가 좋지 않아서 서로 반대편에도, 왼쪽이나 오른쪽에도 앉지 않아.
- 스트로베리는 자신 말고는 아무도 바닐라의 옆에 앉지 못하게 했어.
- 라벤더는 바닐라의 반대편에 앉았어.
- 민트는 라벤더의 왼쪽에 앉았어.

7. 지구와 달의 운동

태양을 피할 수 있겠어?

21 지구의 자전
태양을 피해야 해!

하루 동안 태양의 위치 변화

태양은 항상 같은 곳에 떠 있는 게 아니야?

등교 시간에 떠 있는 태양의 위치와 점심시간에 떠 있는 태양의 위치는 달라. 하루 동안 태양의 위치는 어떻게 달라질까? 태양은 아침에 동쪽 하늘에서 보여. 점심 무렵에는 남쪽 하늘에서 보이고 해가 질 무렵에는 서쪽 하늘에서 보이지. 이처럼 태양은 하루 동안 동쪽 하늘에서 떠서 남쪽 하늘을 지나 서쪽 하늘로 움직이는 것처럼 보여.

시간에 따라 달라지는 태양의 위치

스스로 돌고 있는 지구

"그럼 피닉몬은 태양과 반대 방향으로 이동해야겠다!"

"근데 태양을 가만히 있게 하면 안 되나?"

"사실 움직이고 있는 건 태양이 아니라 지구야."

도망가기 귀찮은데

"지구는 서쪽에서 동쪽으로 돌고 있어."

자전축

서 / 동

지구의 북극과 남극을 이은 가상의 직선을 지구의 **자전축**이라고 해. 지구는 자전축을 중심으로 서쪽에서 동쪽(시계 반대 방향)으로 하루에 한 바퀴씩 회전해. 이것을 **지구의 자전**이라고 해.

하루 동안 태양이 동쪽에서 서쪽으로 움직이는 것처럼 보이는 것은 지구가 자전하기 때문에 나타나는 현상이야. 태양은 같은 자리에 그대로 있는데 지구가 회전하기 때문에 지구에 있는 우리 눈에 마치 태양이 움직이는 것처럼 보이는 거야.

"내가 앞으로 가면서 서 있는 쿠앤크를 보면 쿠앤크가 뒤로 가는 것처럼 보이는 것과 같군!"

"그렇지!"

슈————웅

낮과 밤

낮은 태양이 뜰 때부터 질 때까지의 시간을 말하고, 밤은 태양이 진 뒤부터 다음 날 다시 뜨기 전까지의 시간을 말해. 낮과 밤은 왜 생기는 걸까?

태양은 지구를 비추고 있어. 지구에서 태양 빛을 받는 지역은 낮이고, 태양 빛을 받지 못하는 지역은 밤이야. 지구가 자전하기 때문에 낮과 밤이 번갈아 나타나는 거야. 같은 순간에도 지구에는 낮인 곳도 있고, 밤인 곳도 있지.

한 꼭지 퀴즈

간식단은 서쪽 바다에 가서 해돋이를 보지 못했어.
어느 쪽 바다에 가야 해돋이를 볼 수 있을까?

① 동쪽

② 남쪽

③ 북쪽

④ 바닷가에서는 볼 수 없다.

22 지구의 공전
밤하늘 전문가, 피닉몬

태양 주위를 돌고 있는 지구

지구는 태양을 중심으로 일 년에 한 바퀴씩 일정한 길을 따라 서쪽에서 동쪽으로 회전해. 이것을 **지구의 공전**이라고 해. 지구가 공전하면서 계절에 따라 태양과 지구, 별자리의 위치가 달라지게 돼.

그래서 계절에 따라 밤에 볼 수 있는 별자리도 달라져. 지구에서 봤을 때 태양과 같은 쪽에 있는 별자리는 태양과 함께 뜨기 때문에 밤에 볼 수 없어. 지구를 중심으로 태양과 반대쪽에 있는 별자리를 밤에 볼 수 있지.

계절별 별자리 변화

봄철 밤하늘에서는 사자자리를 초저녁부터 오랜 시간 동안 볼 수 있어. 저녁 9시 무렵에 남동쪽 하늘이나 남쪽 하늘에 위치한 별들은 밤하늘에서 볼 수 있는 시간이 길기 때문에 그 계절의 대표적인 별자리라고 불러.

계절별 대표 별자리

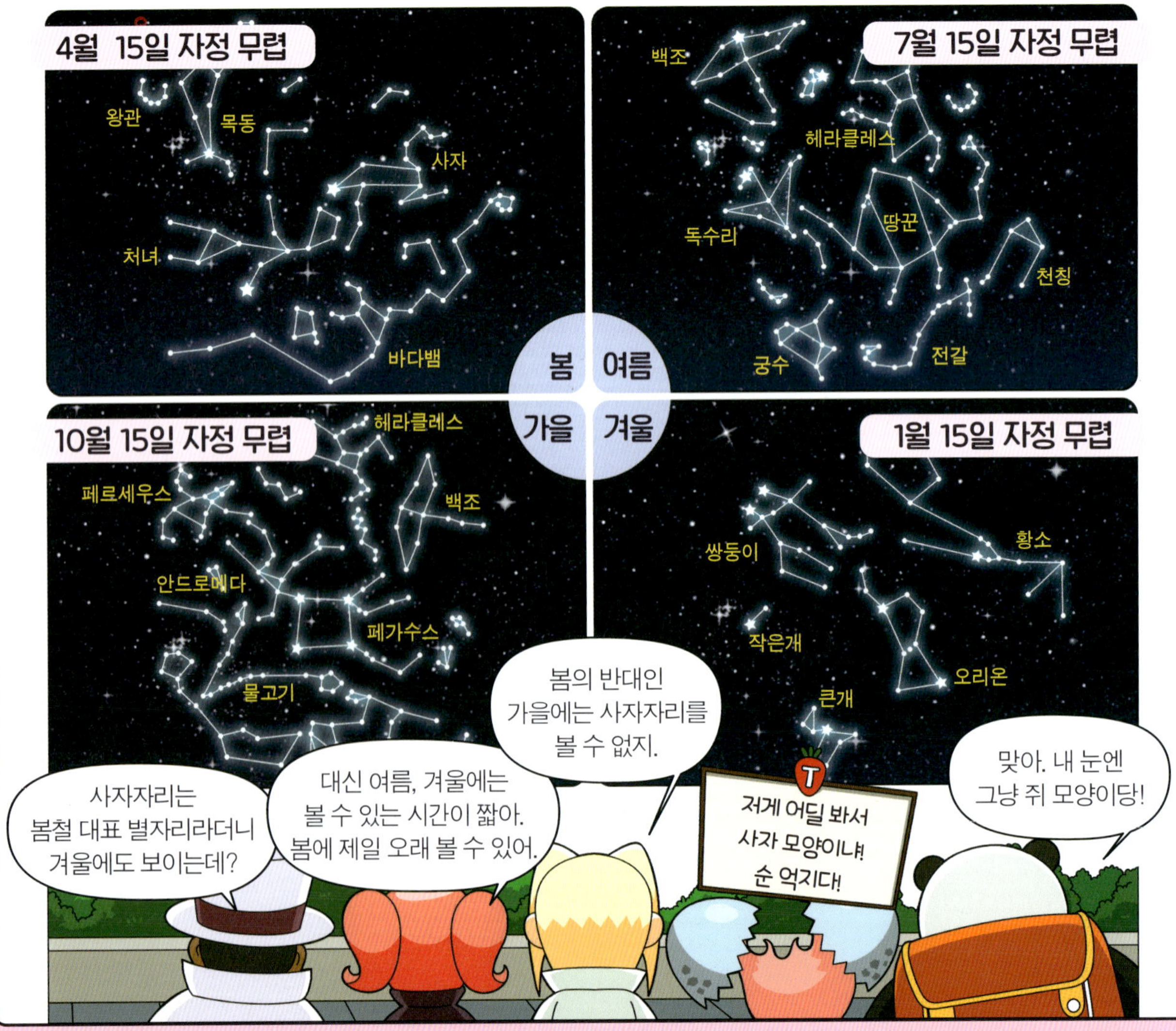

4월 15일 자정 무렵 (봄)
왕관, 목동, 사자, 처녀, 바다뱀

7월 15일 자정 무렵 (여름)
백조, 헤라클레스, 독수리, 땅꾼, 천칭, 궁수, 전갈

10월 15일 자정 무렵 (가을)
헤라클레스, 백조, 페르세우스, 안드로메다, 페가수스, 물고기

1월 15일 자정 무렵 (겨울)
쌍둥이, 황소, 작은개, 오리온, 큰개

- 사자자리는 봄철 대표 별자리라더니 겨울에도 보이는데?
- 대신 여름, 겨울에는 볼 수 있는 시간이 짧아. 봄에 제일 오래 볼 수 있어.
- 봄의 반대인 가을에는 사자자리를 볼 수 없지.
- 저게 어딜 봐서 사자 모양이냐! 순 억지다!
- 맞아. 내 눈엔 그냥 쥐 모양이당!

별의 진짜 위치

지구에서 봤을 때 별들이 모두 같은 거리에 있는 것처럼 보이지만 실제로 별들은 모두 다른 거리에 있어. 한 별자리를 이루는 별들은 같은 방향에 있어서 우리 눈에 하나의 별자리로 보이는 거야. 지구가 아닌 다른 방향에서 이 별들을 보면 다른 모양으로 보일 거야.

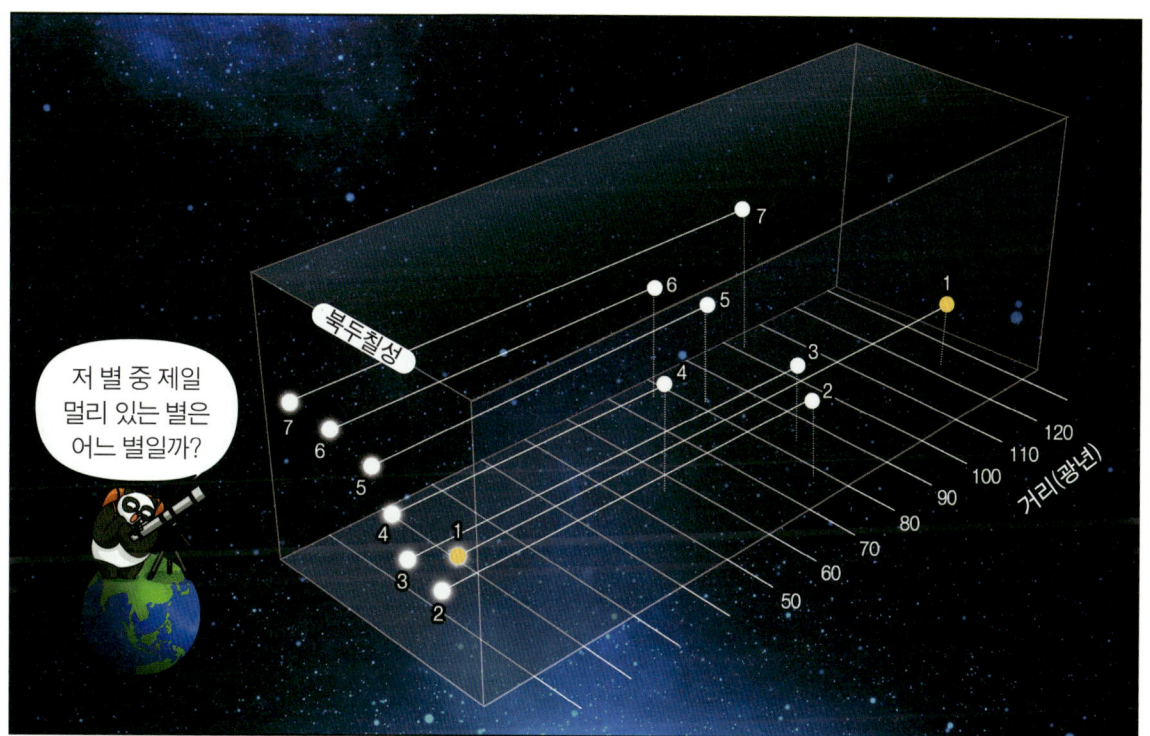

한 꼭지 퀴즈

어느 여름 날 자정 무렵 피닉몬이 동굴 밖을 나와 남쪽 하늘을 바라보았어. 피닉몬이 볼 수 있는 별자리는 무엇일까?

23 달의 모양과 위치 변화
몬스터식 약속 잡기

달의 모양 변화

여러 날 동안 달을 관찰하면 달의 모양이 바뀌는 것을 볼 수 있어. 달은 눈썹 모양을 할 때도 있고, 둥근 모양을 할 때도 있어. 달의 모양은 규칙적으로 바뀌어. 오른쪽부터 차올랐다가 왼쪽만 남는 순서로 바뀌지.

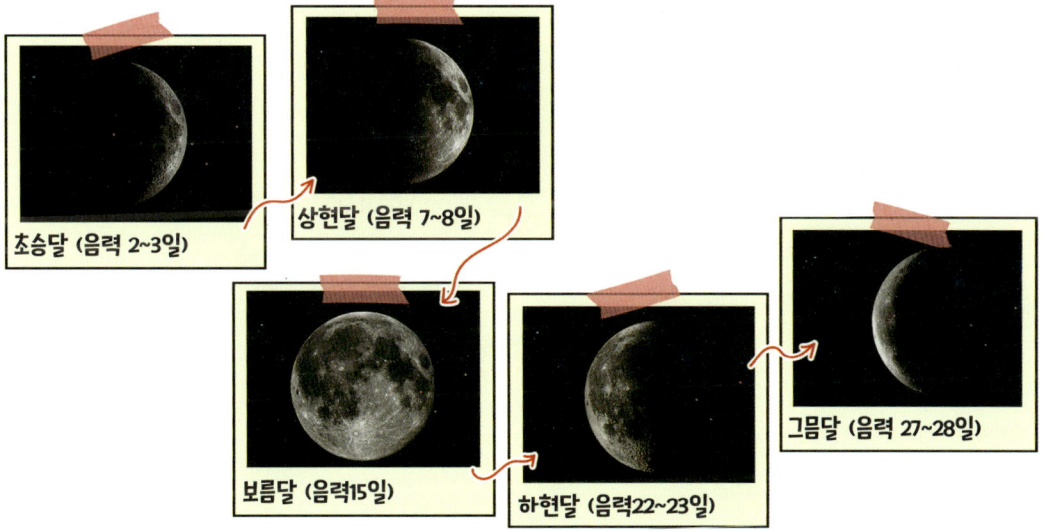

달 모양은 약 30일을 주기로 바뀌어 보여. 보름달이 뜬 날부터 다음 보름달이 뜰 때까지 약 30일이 걸리지.

달의 위치

초승달은 태양이 진 직후 저녁에 서쪽 하늘에서 보였다가 곧 사라지고, 상현달은 태양이 진 직후 남쪽 하늘에서 볼 수 있어. 그리고 보름달은 태양이 진 직후에 동쪽 하늘에서 보이기 시작해서 밤새 내내 보여. 이처럼 여러 날 동안 같은 시각, 같은 장소에서 관찰한 달은 보이는 위치가 서쪽에서 동쪽으로 날마다 조금씩 바뀌고 그 모양도 달라져.

달의 공전

달이 날마다 다른 모양으로, 다른 시간에 뜨는 이유는 달이 지구를 중심으로 공전하기 때문이야. 달은 스스로 빛을 내는 것이 아니라 태양 빛을 반사해서 밝게 보여. 태양 빛을 받은 부분만 밝게 보이기 때문에 태양, 지구, 달의 상대적인 위치에 따라 지구에서 보이는 달의 모양이 달라지는 거야.

한 꼭지 퀴즈

매일 달의 모양과 위치가 바뀌는 까닭을 옳게 설명한 친구는 누구일까?

① 지구가 태양 주위를 공전하기 때문이야.
② 지구가 자전하고 있기 때문이야.
③ 달이 지구 주위를 공전하기 때문이야.
④ 달이 자전하고 있기 때문이야.

2진화 피닉몬
보름달의 정기를 받으면 다음 날 밤의 길이를 늘릴 수 있다.

24 일식과 월식
피닉몬이 낮에도 나갈 수 있다고?

달이 태양을 가리는 일식

작은 동전으로 멀리 있는 친구의 얼굴을 가릴 수 있는 것처럼 달도 태양을 가릴 수 있어. 실제로는 태양이 달보다 훨씬 크지만 지구에서 볼 때는 태양과 달의 크기가 거의 비슷하게 보여. 태양이 달보다 지구에서 더 멀리 떨어져 있기 때문에 두 천체의 크기가 비슷해 보이는 거야. 달이 지구와 태양 사이를 지나가면서 태양의 일부 또는 전체를 가리는 현상을 **일식**이라고 해. 태양-달-지구 순으로 일직선상에 놓일 때 나타나.

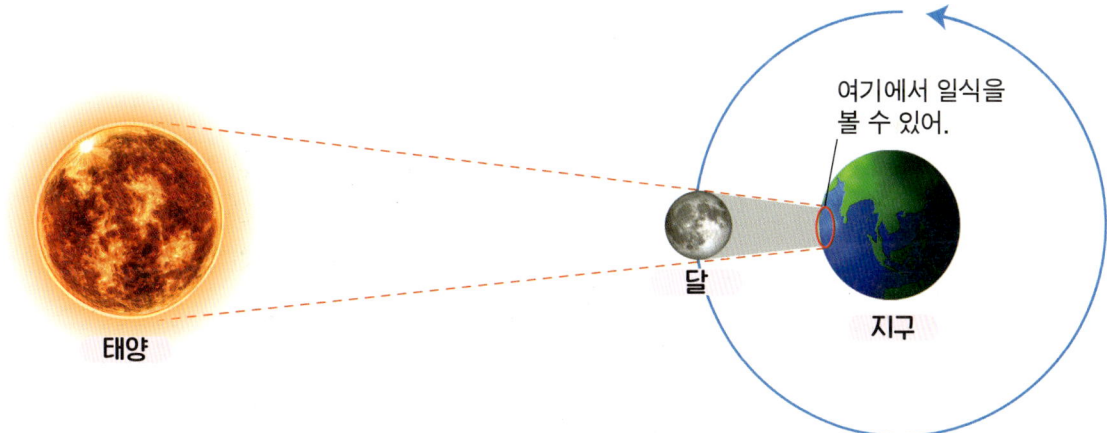

달이 가려지는 월식

달이 공전하면서 태양의 반대쪽에 위치하게 되면, 달이 지구의 그림자 속으로 들어가 달 일부가 보이지 않거나 전체가 가려질 수도 있어. 이러한 현상을 **월식**이라고 해. 월식은 태양-지구-달의 순으로 일직선상에 위치할 때 일어나.

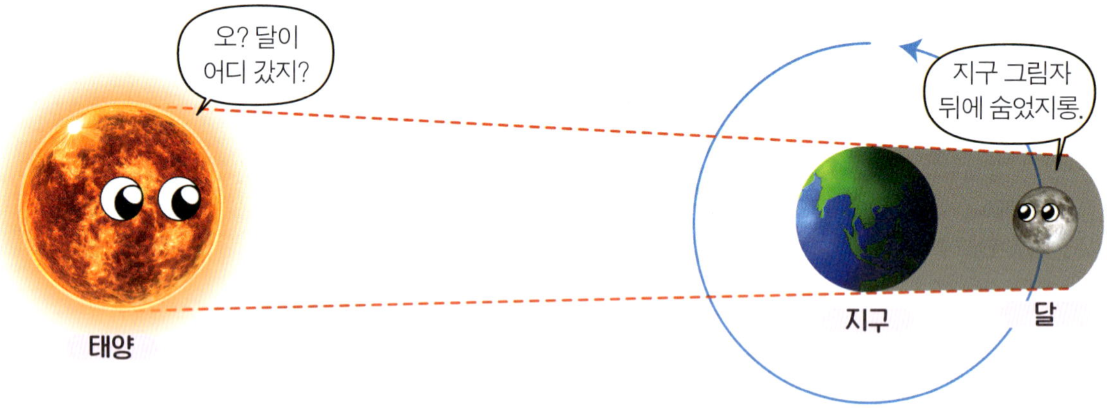

일식과 월식이 드물게 일어나는 이유

달이 지구 주위를 공전하면서 태양, 지구, 달의 순서가 계속 바뀌지만 매달 일식과 월식이 일어나지는 않아. 그 이유는 지구가 태양을 도는 궤도와 달이 지구를 도는 궤도가 같은 면에 있는 것이 아니라 서로 약간 기울어져 있기 때문이야. 그래서 세 천체의 위치가 정확히 일직선이 되는 일은 자주 일어나지 않는 거지.

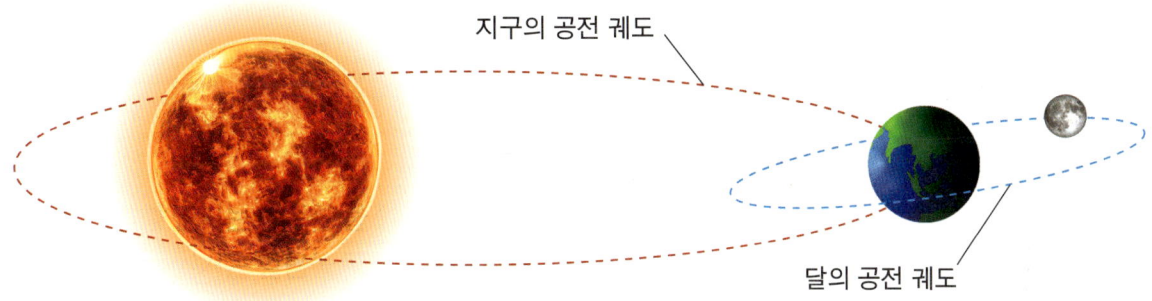

지구의 공전 궤도
달의 공전 궤도

이제 태양을 피해 다니지 않아도 돼!

한 꼭지 퀴즈

일식과 월식에 대해 <u>잘못</u> 설명한 친구는 누구일까?

①  태양이 가려지는 현상이 일식이야!

②  일식은 태양-달-지구가 일직선상에 위치할 때 일어나.

③  일식과 월식은 매달 일어날 수 있어.

④  지구 그림자에 달이 가려지는 현상을 월식이라고 해!

3진화
피닉몬
태양처럼 스스로 빛을 낼 수 있다.

지구와 달의 운동

1. 지구의 자전

- 지구는 자전축을 중심으로 하루에 한 바퀴씩 서쪽에서 동쪽으로 회전해.
- 지구의 자전 때문에 하루 동안 태양과 달은 동쪽에서 서쪽으로 이동해.
- 태양 빛이 닿는 곳은 낮이 되고 태양 빛이 닿지 않는 곳은 밤이 돼.

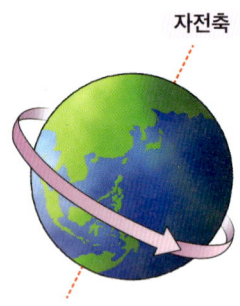
자전축

2. 지구의 공전

- 지구는 일 년에 한 바퀴씩 서쪽에서 동쪽으로 태양 주위를 돌아.
- 지구의 공전 때문에 계절에 따라 보이는 별자리가 달라져.

사자자리   거문고자리   페가수스자리   오리온자리

3. 달의 모양과 위치 변화

- 달은 약 30일을 주기로 모양이 바뀌어.

초승달   상현달   보름달   하현달   그믐달

- 같은 시각, 같은 장소에서 보이는 달의 위치는 서쪽에서 동쪽으로 조금씩 옮겨 가.

4. 일식과 월식

- 달이 지구와 태양 사이를 지나면서 태양을 가리는 현상을 일식이라고 해.
- 달이 태양의 반대쪽에 있을 때 지구 그림자 속으로 들어가 가려지는 현상을 월식이라고 해.

블루문은 파란 달이 아니야

달은 불리는 이름이 많은 천체 중에 하나야. 특히나 보름달은 여러 가지 별명을 가지고 있어. 그중 블루문이라는 이름을 들어본 적 있니?

블루문은 파란색 보름달일까? 그렇지 않아. 달의 모양은 약 30일을 주기로 바뀌지만 한 달의 길이는 30일보다 짧거나 긴 달도 있어. 우리가 사용하는 달력의 날짜와 달의 모양은 맞지 않아. 그래서 한 달에 보름달이 두 번 뜨는 달이 있을 수 있어. 이때 뜨는 두 번째 보름달을 블루문이라고 해.

달이 붉게 보이는 순간은 있어. 그걸 블러드문 또는 레드문이라고 하는데 월식이 일어나기 직전에 달을 보면 햇빛 중 붉은색 빛만 달에 닿기 때문에 붉게 보여. 이 경우는 색과 달의 이름이 관계가 있지.

도전! 과학 영재반

1 간식단이 하루 동안 같은 장소에서 서로 다른 시간에 사진을 찍었어. 가장 이른 시간에 사진을 찍은 친구는 누구였을까?

답:

① 바닐라　② 초코　③ 스트로베리　④ 쿠앤크

2 지구는 하루 동안 한 바퀴 회전하는 운동을 해. 이 운동에 대해 설명하는 바닐라 말의 ( ) 안을 채우고, 지구의 운동 방향을 화살표로 나타내 보자.

지구가 자전축을 중심으로 하루에 한 바퀴 회전하는 운동을 지구의 ( )(이)라고 해.

3 스파이시 클럽이 계절별로 다른 별자리가 보이는 이유에 대해 대화하고 있어. 옳게 말한 사람은 누구일까?

답:

① 로즈: 달의 모양이 30일을 주기로 다르게 보이는 것과 같은 이유 때문이야.
② 라벤더: 지구가 서쪽에서 동쪽으로 1년에 한 바퀴씩 태양을 중심으로 회전하고 있기 때문이야.
③ 민트: 별이 지구를 중심으로 동쪽에서 서쪽으로 회전하고 있기 때문이야.

4 <보기>는 어느 날 밤 달의 모양을 관측한 모습이야.
일주일 뒤에 같은 시각, 같은 장소에서 달을 관측하면 달의 모양과 위치는 어떻게 보일까?

답 :

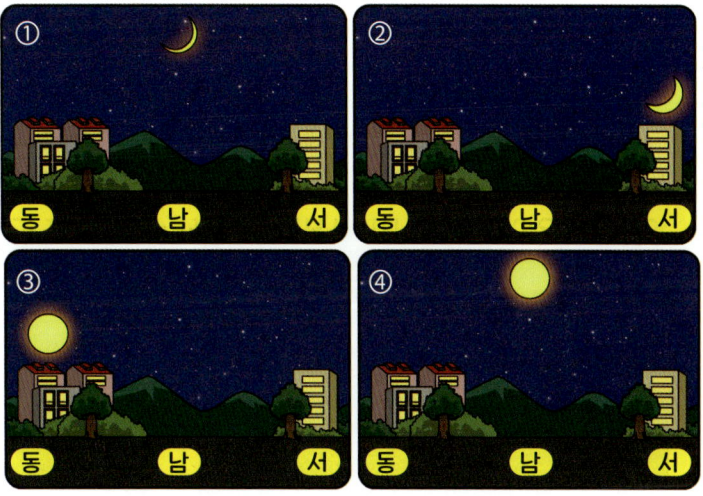

5 태양, 달, 지구가 그림과 같은 순서로 일직선상에 있을 때 (가)에서 볼 수 있는 현상을 옳게 설명한 친구는 누구일까?

답 :

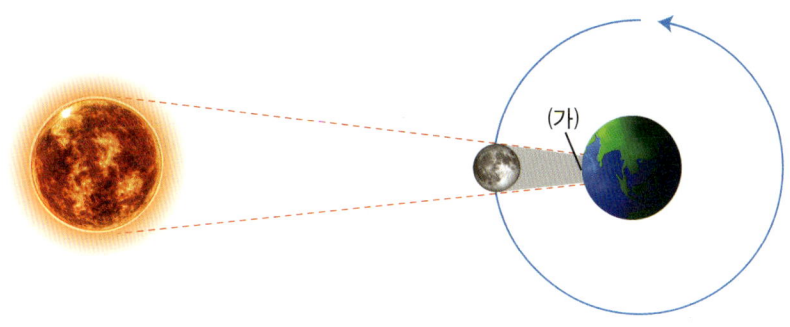

① 태양이 달에 가려지는 일식이 일어나.
② 하루 동안 낮이 오지 않고 밤만 지속돼.
③ 달이 지구 그림자에 가려지는 월식이 일어나.
④ 하루 동안 밤이 오지 않고 낮만 지속돼.

편편 게임

정답 196쪽

피닉몬이 이번에는 만날 약속을 하면서 시간과 장소를 퀴즈로 알려 줬어.
피닉몬을 만나려면 언제, 어디로 가야 할까?

소	에	크	브	리
스	앞	간	마	에
서	저	몬	만	녁
여	식	스	섯	단
연	나	구	이	시

피닉몬, 또 약속 시간을 어렵게 알려 주네.

구멍 뚫린 종이를 저 위에 대보면 되려나?

저 번호는 뭐냥?

번호는 순서와 방향인 것 같아.

8. 계절의 변화

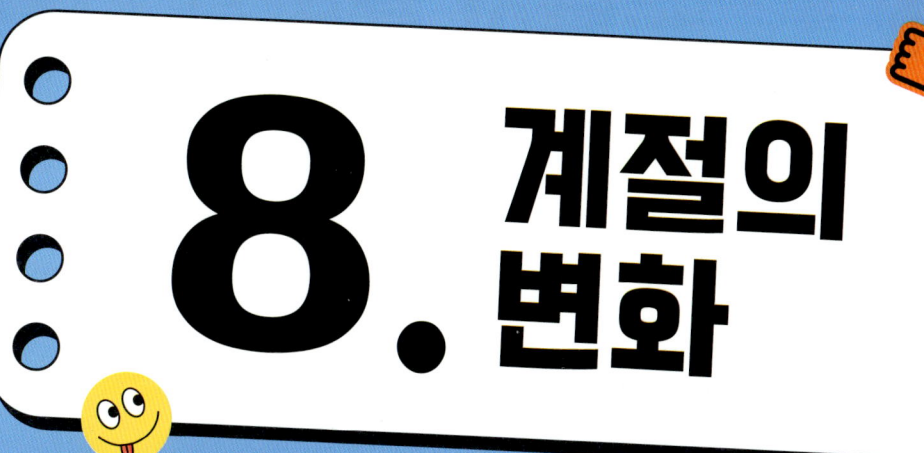

25 그림자 길이의 변화
내 시계 멋지지?

하루 동안 태양의 위치 변화

태양은 마치 동쪽 땅에서 솟아오르는 것처럼 뜨기 시작해서 남쪽 하늘을 지날 때 가장 높이 떠. 그리고 다시 낮아지면서 서쪽으로 이동하지. 다시 땅속으로 숨는 것처럼 지는 거야. 이렇게 달라지는 태양의 높이를 물체의 그림자를 이용해서 측정하고 나타낼 수 있어. 태양과 지표면이 이루는 각을 태양 고도라고 해.

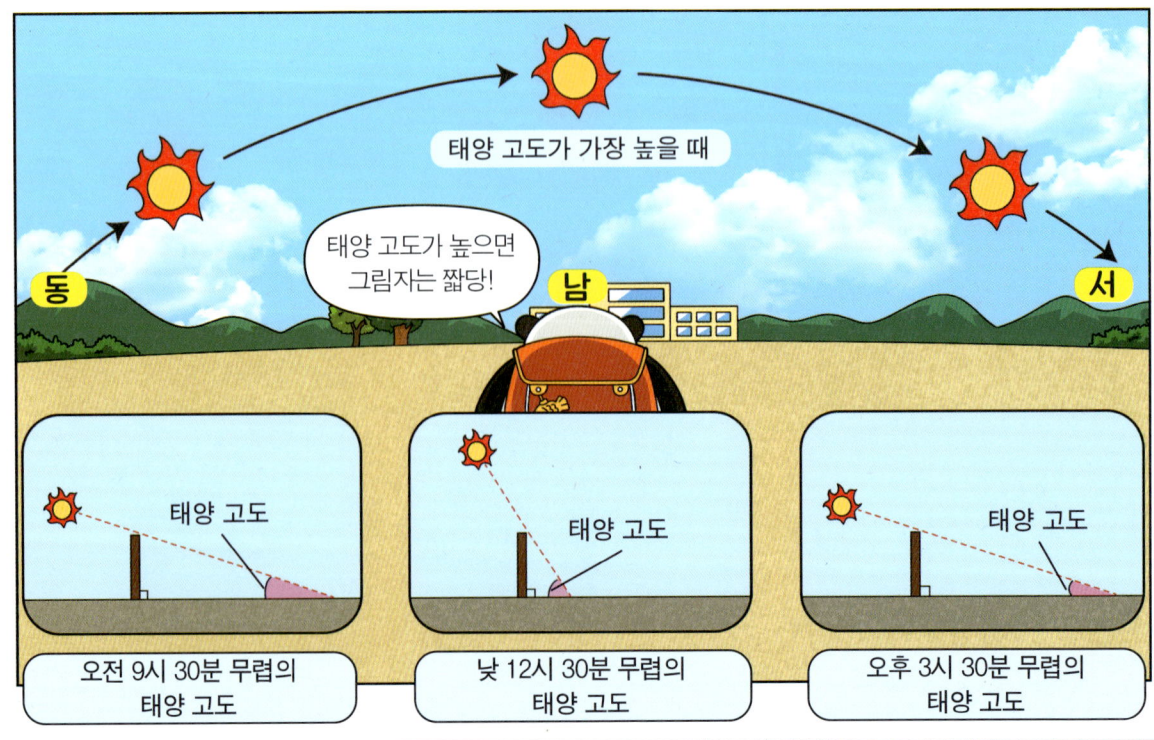

그림자의 길이는 태양이 낮게 떠 있을수록(태양 고도가 낮을수록) 길어지고, 태양이 가장 높게 떠 있을 때 (태양 고도가 가장 높을 때)인 정오 무렵에 가장 짧아.

한 꼭지 퀴즈 O_X

하루 중 그림자의 길이가 가장 짧을 때 태양의 위치는 어디일까?

기본
앙부몬

맑은 날에는 정시에 시간을 알려 줄 수 있다.

26 하루 동안 변하는 기온
앙부몬을 도와주는 아이템

태양 고도에 따른 기온 변화

하루 동안 기온은 계속 변해. 그럼 언제 기온이 낮고, 언제 높을까? 아침과 저녁에는 기온이 내려가고 낮에는 기온이 올라가. 아침과 저녁에 길고, 낮에는 짧은 그림자 길이와는 반대지. 그림자가 길어질 때 기온이 내려가고, 그림자가 짧아질 때 기온은 올라가.

햇빛이 공기를 따뜻하게 데우는 데 시간이 걸리기 때문에 기온이 가장 높은 때는 태양 고도가 가장 높은 때보다 약 두 시간 늦어.

태양 고도에 따라 기온이 달라지는 이유

태양 고도가 달라지면 태양 빛과 지표면 사이의 각도가 달라지는 거지 멀어지는 게 아냐. 빛이 들어오는 각도가 달라지면 지표면에 빛이 닿는 면적이 달라져. 태양 고도가 높을수록 지표면에 빛이 닿는 면적은 좁아지고 태양 고도가 낮으면 빛이 비스듬하게 들어오면서 빛이 닿는 면적이 넓어져. 태양 에너지의 양은 똑같으니까 빛이 닿는 면적이 좁을수록 같은 면적에 더 많은 에너지를 받게 되는 거야.

단위 면적당 받는 에너지가 큰 경우

단위 면적당 받는 에너지가 작은 경우

태양의 남중 고도

태양이 하루 중 가장 높이 떠 있을 때의 태양 고도를 특별히 **태양의 남중 고도**라고 해. 태양은 동쪽에서 떠서 남쪽 하늘을 지나 서쪽으로 지니까 태양이 가장 높이 떠 있을 때는 남쪽 하늘 중앙에 있을 때거든. 이때 태양이 남중했다고 하는 거야.

한 꼭지 퀴즈

바닐라가 하루 동안 쿠앤크의 그림자 길이와 기온을 측정하고 그래프를 그렸어. 태양이 남중했을 때는 몇 시였을까?

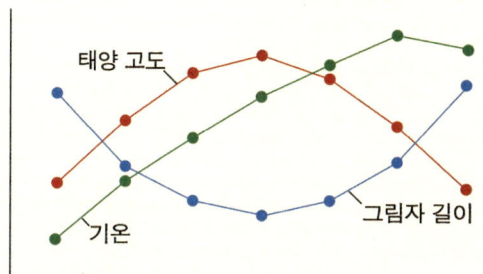

1진화
앙부몬

기온 변화를 감지해 시간을 알려 줄 수 있으며, 기온에 따라 색이 변한다.

27 변하는 태양의 남중 고도
앙부몬을 얕보지 마라!

계절에 따른 태양의 남중 고도

겨울은 여름보다 낮의 길이가 짧아. 계절에 따라 태양의 남중 고도가 변하기 때문이야. 태양이 동쪽에서 떠서 서쪽으로 지는 것은 똑같지만 계절마다 태양이 뜨는 높이, 태양이 떠 있는 시간의 길이는 달라져.

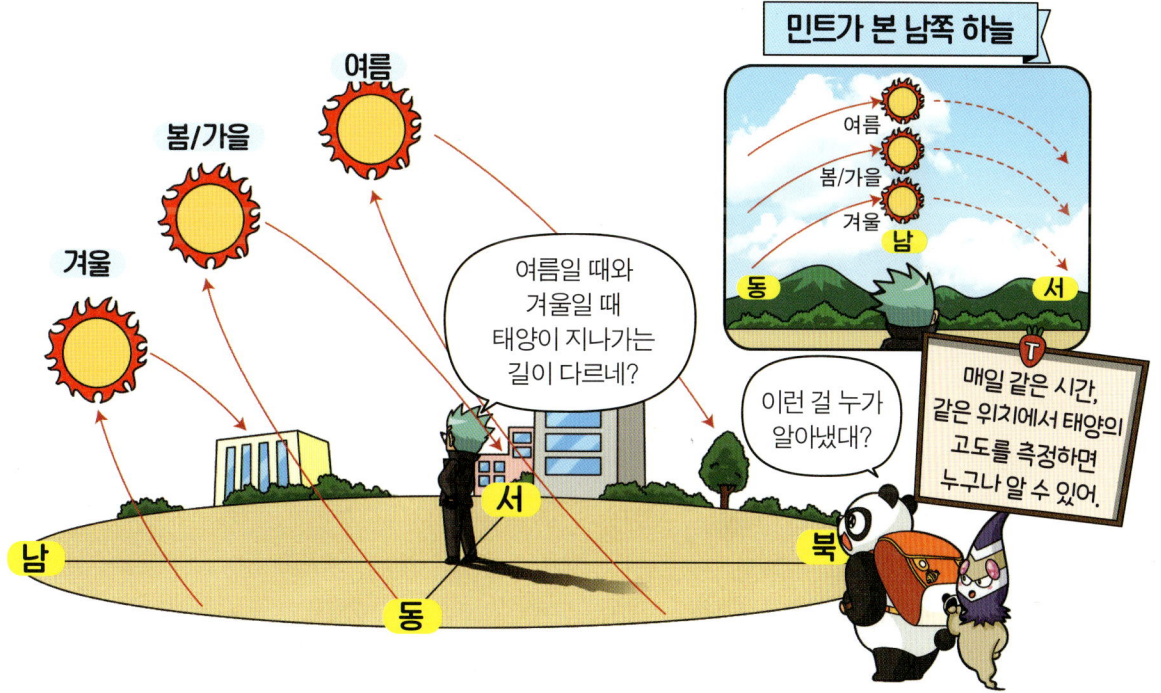

태양의 남중 고도가 높아질수록 낮의 길이가 길어지고 밤의 길이는 짧아져. 따라서 태양의 남중 고도가 높은 여름에는 낮의 길이가 길고, 밤의 길이가 짧지. 반대로 태양의 남중 고도가 낮은 겨울에는 낮의 길이가 짧고, 밤의 길이가 길어.

계절에 따른 기온

태양 고도가 높아질수록 일정한 면적의 지표면에 도달하는 태양 에너지의 양이 많아진다고 했던 거 기억하니? 지표면에 도달하는 태양 에너지의 양이 많아지면 그 지역은 더 많이 데워져서 기온이 높아지지. 그래서 상대적으로 태양의 남중 고도가 높은 여름에는 기온이 높고, 태양의 남중 고도가 낮은 겨울에는 기온이 낮은 거야.

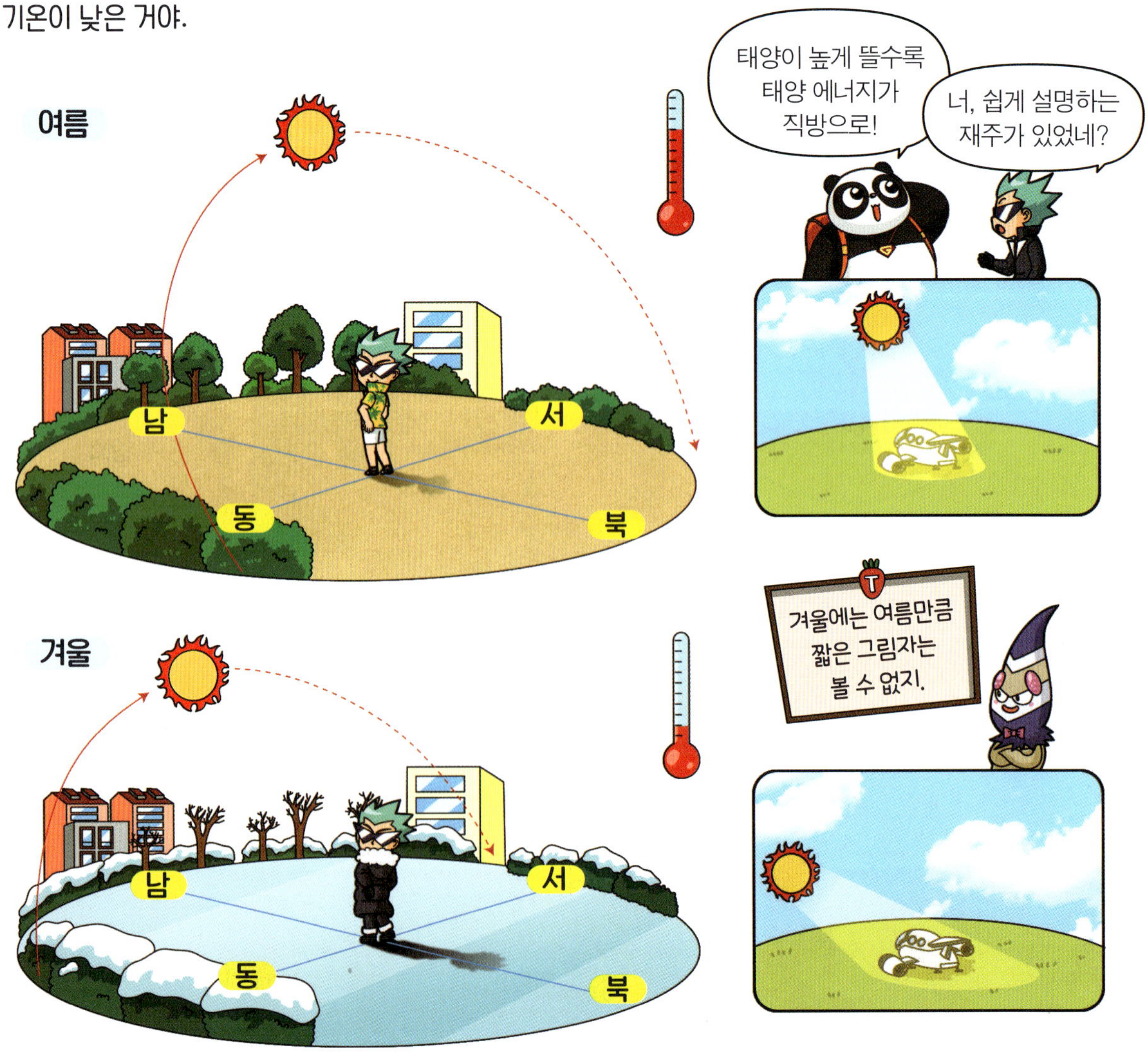

여름

태양이 높게 뜰수록 태양 에너지가 직방으로!

너, 쉽게 설명하는 재주가 있었네?

겨울

겨울에는 여름만큼 짧은 그림자는 볼 수 없지.

위도별 태양의 남중 고도

지구에는 여름과 겨울이 뚜렷하지 않고 항상 겨울처럼 춥거나 항상 여름처럼 더운 지역도 있어. 태양의 남중 고도는 위도에 따라 달라지기도 하기 때문이야. 극지방은 춥고 적도 근처의 지역은 덥지. 극지방의 태양의 남중 고도는 낮고, 적도 근처 지역의 태양의 남중 고도는 높기 때문이야.

한 꼭지 퀴즈

민트가 7월 15일 12시 30분에 남쪽 하늘 사진을 찍고, 1월 15일 12시 30분에 같은 장소에서 남쪽 하늘 사진을 찍었어. 두 사진 중 7월에 찍은 사진은 어느 것인지 O표 해 봐.

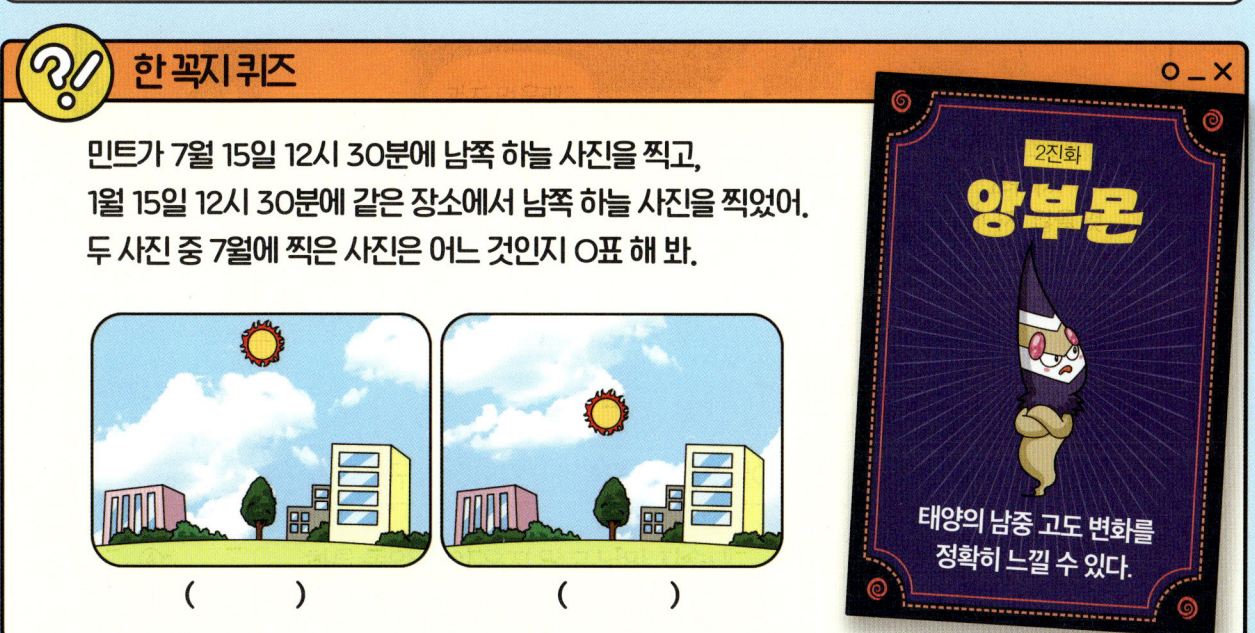

28 계절이 변하는 이유
스파이시 클럽의 유혹

계절 변화가 생기는 이유

계절의 변화는 지구가 기울어진 채로 태양 주위를 공전하기 때문에 생기는 거야. 우리가 살고 있는 북반구를 기준으로 보면 자전축의 북쪽이 태양 쪽으로 기울어져 있을 때 태양의 남중 고도가 높아지니까 이때가 여름이야. 자전축의 북쪽이 태양과 반대 방향으로 기울어져 있을 때는 태양의 남중 고도가 낮아져서 겨울이 돼.

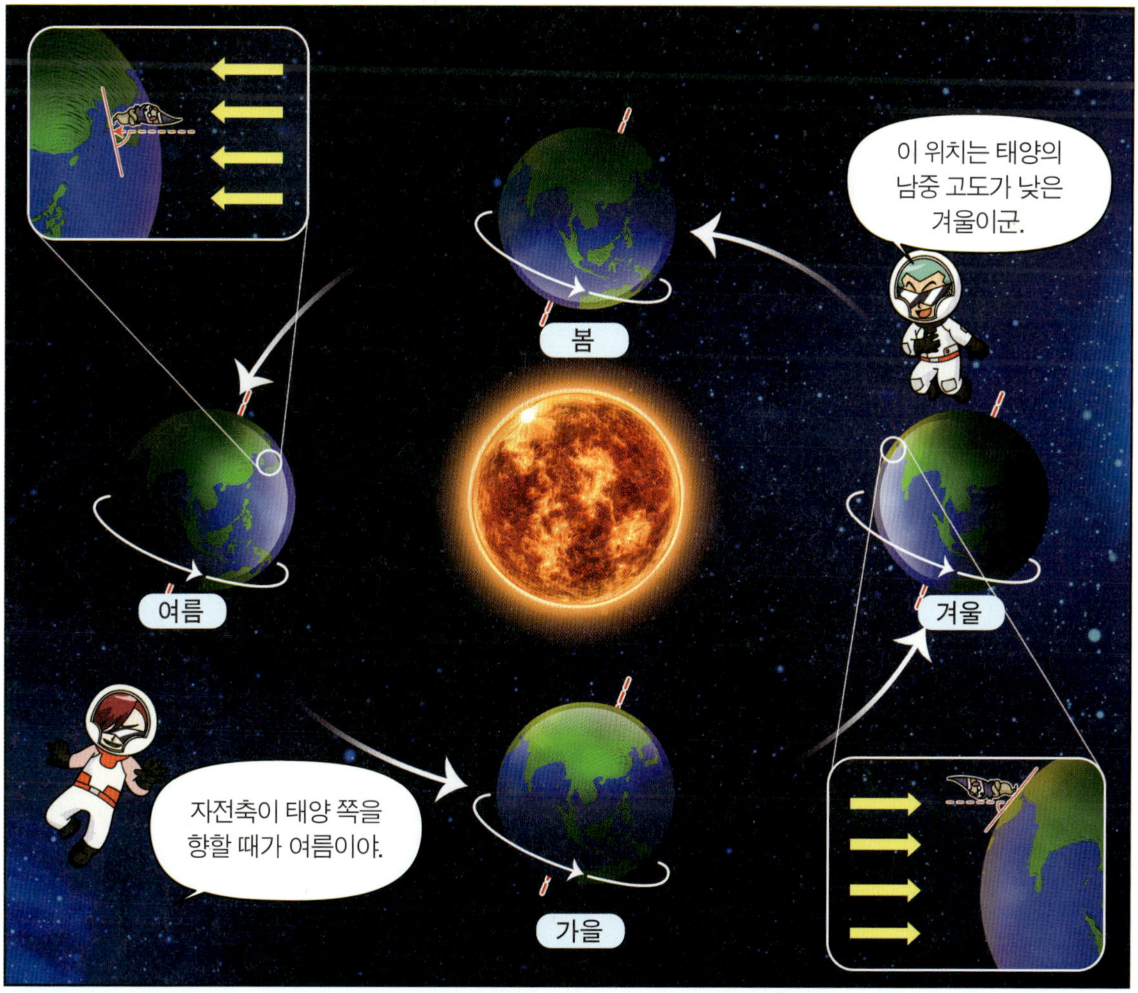

자전축이 기울지 않았다면

계절이 변하는 데 필요한 조건 두 가지 중 하나라도 없으면 어떻게 될까?

이유가 자전축 기울어진 거 하나 아니었어?

태양 주위를 공전하는 것까지 두 가지지!

지구가 태양 주위를 공전하지 않는다면 태양의 남중 고도가 변하지 않게 돼. 그래서 자전축이 기울어져 있더라도 일 년 내내 같은 계절일 거야. 자전축이 기울지 않은 채로 공전하면 어떻게 될까? 이때에도 태양의 남중 고도는 변하지 않아.

자전축이 기울지 않으면 지구가 어디에 있든 태양 고도는 그대로겠군.

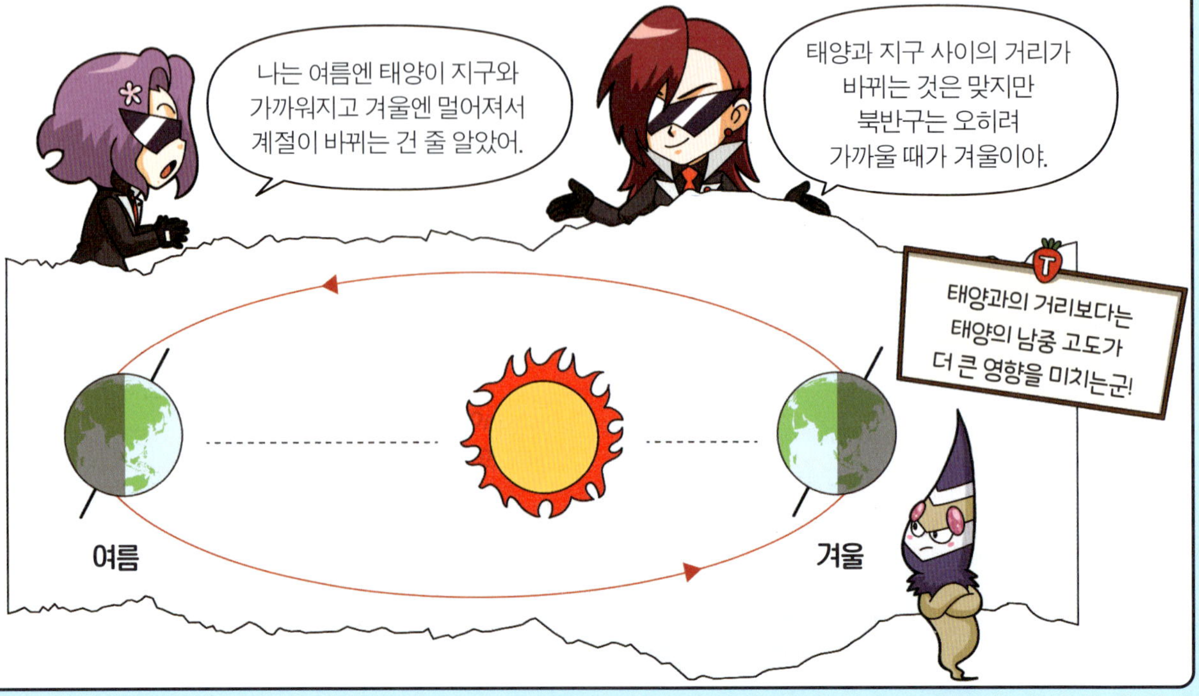

나는 여름엔 태양이 지구와 가까워지고 겨울엔 멀어져서 계절이 바뀌는 건 줄 알았어.

태양과 지구 사이의 거리가 바뀌는 것은 맞지만 북반구는 오히려 가까울 때가 겨울이야.

태양과의 거리보다는 태양의 남중 고도가 더 큰 영향을 미치는군!

여름 겨울

남반구의 계절

북반구가 여름일 때 남반구는 어떨까? 남쪽의 자전축은 태양과 반대 방향을 향하고 있는 게 보이지? 그러니까 남반구는 태양의 남중 고도가 낮은 겨울이 돼. 북반구의 나라들과 남반구의 나라들은 계절이 반대로 나타나. 호주, 뉴질랜드처럼 한여름에 크리스마스를 보내는 나라들이 있다는 거지!

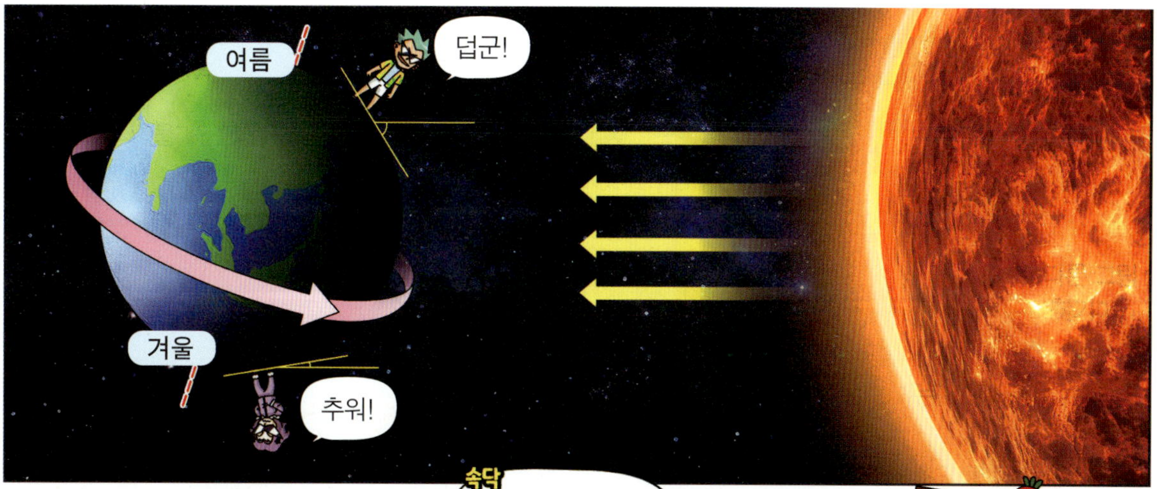

한 꼭지 퀴즈

로즈의 특강을 들은 앙부몬이 계절이 변하는 이유를 요약해서 설명하고 있어. ( ) 안에 들어갈 알맞은 말은 무엇일까?

지구가 ( )이(가) 기울어진 채로 태양 주위를 ( )하고 있기 때문에 계절이 변하는 거야.

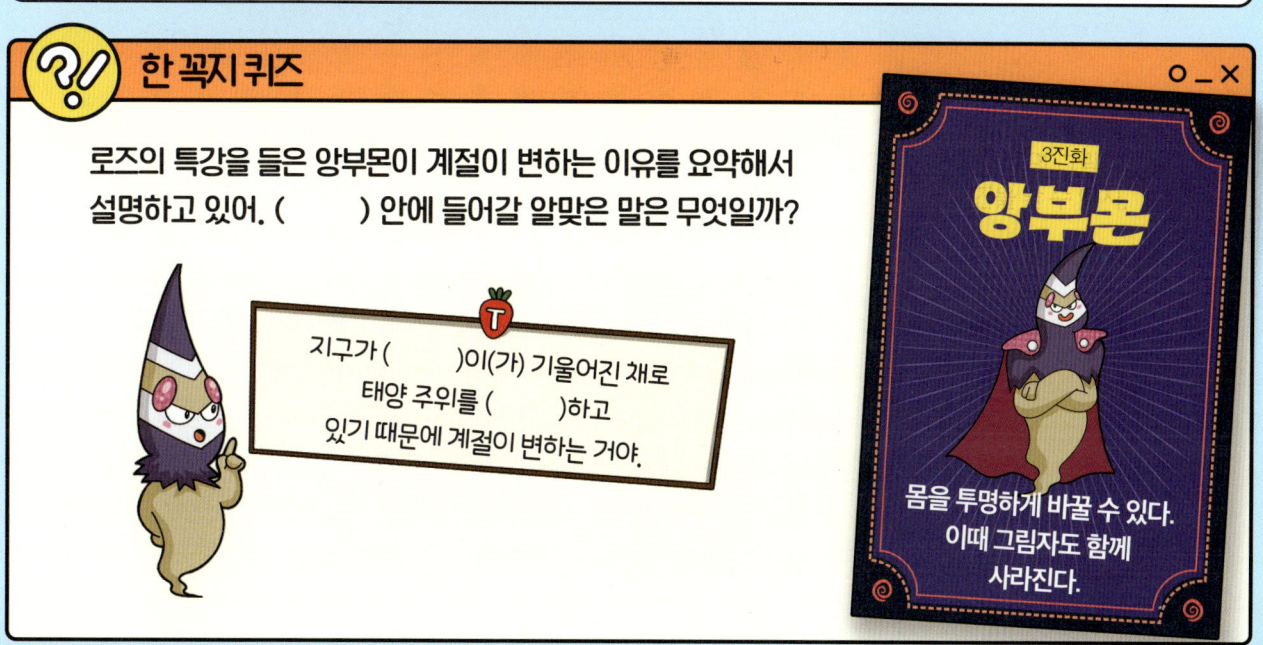

3진화
앙부몬
몸을 투명하게 바꿀 수 있다. 이때 그림자도 함께 사라진다.

계절의 변화

1. 태양 고도

- 태양 고도는 태양이 지표면과 이루는 각이야.
- 태양이 높이 뜰수록 태양 고도가 커.
- 태양이 하루 중 가장 높이 떠 있을 때의 태양 고도를 태양의 남중 고도라고 해.

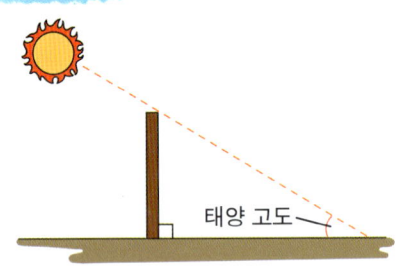

2. 태양 고도와 그림자 길이, 기온의 관계

- 태양 고도가 높을수록 그림자 길이는 짧고, 태양 고도가 낮을수록 그림자 길이는 길어.
- 태양 고도가 높아지면 기온도 높아지는데 태양 고도가 가장 높은 때와 기온이 가장 높은 때는 시간 차이가 나.

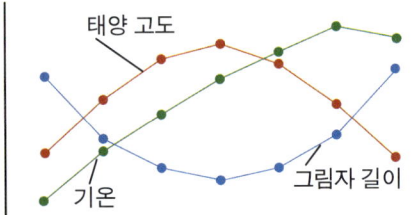

3. 계절에 따른 변화

태양의 남중 고도	여름 > 겨울
낮의 길이	여름 > 겨울
밤의 길이	여름 < 겨울
기온	여름 > 겨울

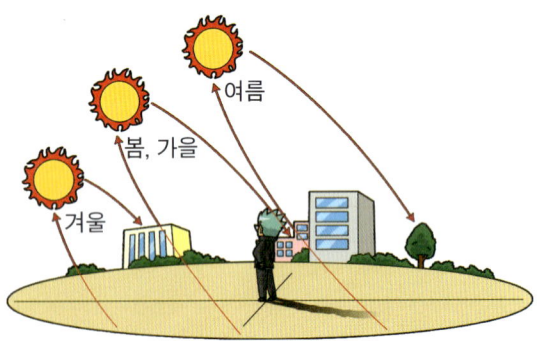

4. 계절이 변하는 이유

지구의 자전축이 기울어진 채로 태양 주위를 공전하기 때문에 계절의 변화가 생겨.

*우리나라가 있는 북반구 기준

처마 속 과학

한옥은 아름다운 지붕을 가지고 있어.
곡선으로 이루어진 것이 한옥 지붕의 큰 특징이야. 그런데 이 곡선 모양이 단지 아름다움만을 위한 것은 아니야. 특히 지붕의 처마는 과학적 기능이 아주 중요해. 처마는 지붕이 건물 벽 바깥으로 뻗어 나온 부분을 말해. 처마에 어떤 과학이 들어 있는지 파헤쳐 볼까?

처마는 태양의 남중 고도가 달라지는 것에 따라 햇빛을 가리기도 하고, 햇빛을 더 받을 수도 있도록 설계된 거야. 그리고 북쪽 지역과 남쪽 지역은 처마의 길이도 달라. 태양의 남중 고도가 더 높은 남쪽 지역은 햇빛을 가리기 위해 처마를 길게 만들고, 태양의 남중 고도가 낮은 북쪽 지역은 처마를 짧게 만들어 햇빛이 더 들어오게 해.

도전! 과학 영재반

1 태양 고도를 측정하기 위해 다음과 같이 막대기를 세웠을 때 태양 고도는 어느 부분의 길이 또는 크기를 말하는 걸까?

답 :

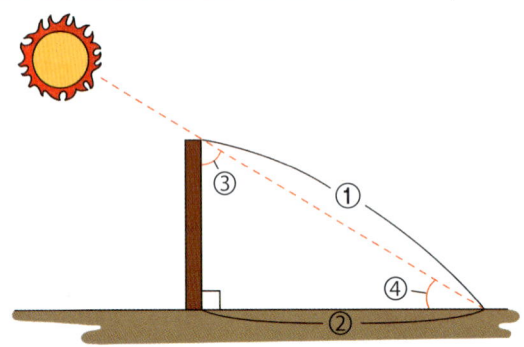

2 초코가 태양 고도에 따른 변화를 알아보려고 종일 여러 값을 측정하고 그래프를 그렸어. 어떤 값을 측정한 결과인지 <보기>에서 찾아 써 줘.

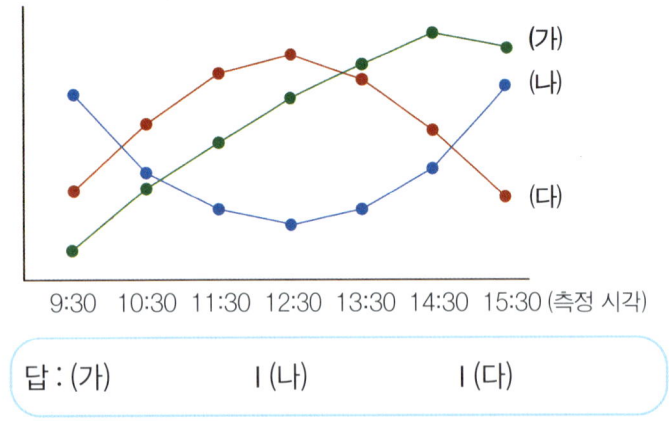

<보기>
㉠ 기온
㉡ 태양 고도
㉢ 초코의 체온
㉣ 태양의 크기
㉤ 그림자의 길이

답 : (가) | (나) | (다)

3 민트가 계절에 따른 태양의 위치 변화에 대해 설명하고 있어. ( ) 안에 들어갈 알맞은 말에 O표 해 줘.

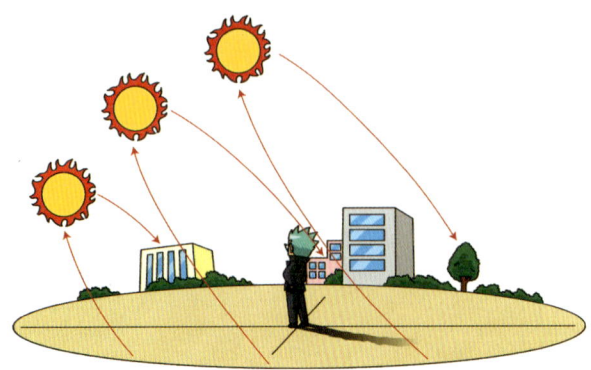

여름은 일 년 중 태양의 남중 고도가 가장 (높은, 낮은) 계절이야. 그래서 여름은 (낮, 밤)의 길이가 가장 긴 계절이지.

4 스트로베리가 계절에 따라 기온이 달라지는 이유를 알아보려고 실험을 했어. 실험에 대한 설명으로 옳은 것은 무엇일까?

답 :

〈실험 방법〉

1. 태양 전지판 두 개에 각각 프로펠러를 끼운 모터를 연결해.
2. 전등 빛과 태양 전지판이 이루는 각을 하나는 크게 하고, 다른 하나는 작게 해.
3. 전등과 태양 전지판 사이의 거리는 똑같게 해.
4. 전등을 같은 밝기로 동시에 켜.

① (가)와 (나)의 프로펠러는 같은 빠르기로 돌아가.
② (가)의 프로펠러가 (나)의 프로펠러보다 더 빠르게 돌아가.
③ (가)와 (나)의 태양 전지판은 모두 같은 양의 에너지를 받아.
④ (가)는 태양 고도가 낮을 때, (나)는 태양 고도가 높을 때를 의미해.

5 지구의 위치가 ㉠~㉣ 중 어디에 있을 때 쿠앤크가 서 있는 지역이 여름이 될까?

답 :

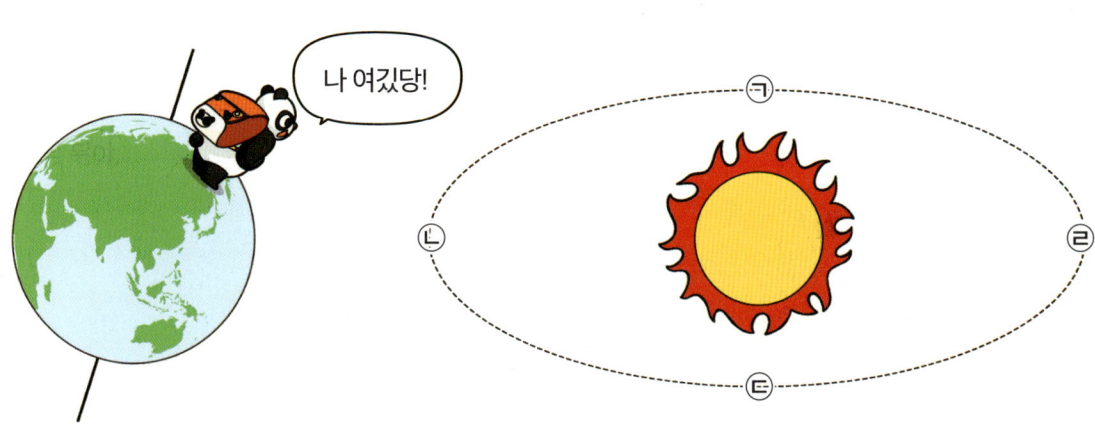

앙부몬이 해가 뜰 때부터 해가 질 때까지 운동장에 서 있었어.
다음 중 하루 동안 앙부몬의 그림자가 닿았던 운동장 영역의 모양과
가장 비슷한 도형은 무엇일까?

9. 바다와 기후변화

나도 좀 같이 살자.

29 바다와 갯벌
물이 필요해!

바다의 물과 육지의 물

지구의 물은 바다와 육지에 있어. 바다를 이루고 있는 물을 **바닷물**이라 하고 강, 호수, 지하수 등 육지에 있는 물을 **육지의 물**이라고 해. 육지의 물과 바닷물의 가장 큰 차이는 짠맛이야. 바닷물이 짜다는 사실은 모두 알고 있지? 바닷물이 짠 이유는 바닷물에 소금 등 여러 가지 물질이 녹아 있기 때문이야. 요리할 때 사용하는 소금의 대부분은 바다에서 얻어.

바닷물과 육지의 물을 끓여서 물을 모두 증발시킨 후 비교해 보면 바닷물에 녹아 있던 물질을 확인할 수 있어. 이 물질 때문에 바닷물이 짠맛을 내는 거야.

갯벌

바닷물의 높이는 하루에 두 번씩 높아졌다 낮아지는 것을 반복해. **밀물**은 바닷물의 높이가 높아지면서 물이 육지 쪽으로 밀려 들어오는 현상이고, **썰물**은 반대로 바닷물의 높이가 낮아지면서 물이 바다 쪽으로 빠져나가는 현상이야. 썰물 때 드러나는 넓은 땅이 바로 **갯벌**이야. 갯벌은 물이 운반해온 모래, 진흙 등이 쌓여서 만들어졌어.

갯벌의 가치와 보존

갯벌에는 낙지, 농게, 조개, 짱뚱어 등 많은 생물이 살고 있어. 갯벌은 도요새, 물떼새 등 새들의 좋은 먹이 활동 장소이기도 해. 그리고 갯벌은 육지에서 만들어진 오염 물질이 바다로 흘러가기 전에 정화해 주는 역할도 하지. 갯벌로부터 얻는 수많은 자원과 더불어 생태계와 환경 보호를 위해 갯벌을 보전하고 지켜 나가도록 노력해야 해.

한 꼭지 퀴즈

크랩몬은 갯벌에서 사는 몬스타래. 크랩몬이 사는 곳에 대한 소개로 옳지 <u>않은</u> 것은 무엇일까?

① 낮에는 바다, 밤에는 갯벌이 되는 곳이야.
② 많은 생물이 살며 생태계를 이루고 있어.
③ 밀물일 때는 갯벌이 드러나지 않아.
④ 우리나라의 서해안에 갯벌이 많아.

기본
크랩몬

바닷물을 짜지 않은 물로 바꿀 수 있다.

30 기후변화와 우리 생활
우리 집을 지켜 줘!

기후변화로 인한 현상

기후는 오랜 기간 동안 나타나는 평균적인 날씨를 말해. 지구의 기후는 지구가 생겨난 이후로 계속 변해 왔어. 하지만 요즘은 그 변화가 지구 역사상 유례 없이 매우 빠르게 일어나고 있어. 짧은 시간 동안 지구의 평균 온도가 많이 상승했거든. 그래서 세계 곳곳에서 평균적인 날씨보다 매우 더워지는 폭염, 갑자기 기온이 낮아지는 한파가 자주 나타나고 있어. 짧은 시간에 많은 비가 내려 홍수가 발생하고 폭설이 내리기도 해. 또 어느 지역은 몹시 가물어서 잦은 산불이 발생하기도 하지.

지구의 평균 온도가 높아지면 극지방의 빙하가 녹고 바닷물이 팽창하면서 해수면이 상승해. 바닷물에 잠기는 섬들이 생기고, 갯벌이나 해안가도 물에 잠겨 육지 면적이 줄어들고 있어.

기후변화의 원인

왜 지구의 기후가 급격하게 변하고 있는 걸까? 그건 인간의 활동 때문이야. 최근 100여 년 동안 전 세계 인구는 급증했고, 그에 따라 물건도 대량으로 생산하고 소비했어. 사람이 살 곳과 사용하는 물건을 만들기 위해 많은 숲이 사라졌지. 교통수단이 발달하면서 자동차와 비행기의 이용량도 증가했어. 이렇게 늘어난 인간의 활동이 지구의 평균 기온을 높이는 데 큰 영향을 미치고 있어.

기후변화를 일으키는 인간의 활동

- 비행기는 자고로 전세기지.
- 물소리가 나야 씻는 기분이 들지.
- 대중교통보단 승용차가 편하지!
- 나는 빈 방에도 불을 켜 둬야 안심이 돼.
- 집에 둘 곳이 있나? 없으면 버리지 뭐~
- 숲은 사라지는데, 지구를 덥게 만드는 온실 기체는 많이 만들고 있지!

기후변화에 대처하는 방법

우리가 아무런 노력도 하지 않으면 머지않아 뜨거워진 바다와 해수면 상승으로 지구 생태계의 여러 생물들이 살 곳을 잃게 될 거야. 또한 잦은 자연재해로 인간의 삶도 계속 위협받게 될 거야.

야, 너네 집도?

응. 우리 집도….

그러면 우리는 기후변화에 대처하기 위해 어떤 노력을 해야 할까?

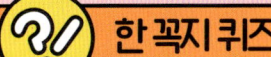

한 꼭지 퀴즈

크랩몬이 사는 갯벌이 줄어든 이유가 기후변화 때문이라고 해.
기후변화 때문에 일어나는 현상으로 옳지 <u>않은</u> 것은 무엇일까?

①  가뭄
②  홍수
③  산불
④  교통량 증가

바다와 기후변화

1. 바다와 갯벌

- 바닷물에는 육지의 물과 다르게 여러 가지 물질이 녹아 있어.
- 바닷물의 높이는 하루에 두 번씩 높아졌다 낮아져.
- 바닷물이 높아질 때를 밀물, 낮아질 때를 썰물이라고 해.
- 갯벌은 썰물 때 드러나는 넓고 편평한 땅이야.
- 갯벌은 많은 생물의 서식지이고 물을 정화하는 역할도 해.

2. 기후변화로 인한 현상

- 오랜 시간에 걸쳐 나타나는 평균적인 날씨를 기후라고 해.
- 급격한 기후변화로 인해 여러 가지 현상이 나타나고 있어.

가뭄　　홍수　　폭염　　폭설　　해수면 상승

3. 기후변화의 원인

- 인구의 증가, 산림의 파괴, 늘어난 공장과 교통량 등 인간의 활동이 많아지고 있어.
- 인간의 활동으로 인해 지구의 평균 온도가 높아지는 기후변화가 일어나고 있어.

늘어난 공장　　산림 파괴　　교통량 증가

4. 기후변화에 대처하기 위한 노력

- 에너지를 아껴 쓰고 재활용품을 분리배출해야 해.
- 친환경 기술을 개발하고 숲을 보존해야 해.
- 일회용품, 비닐 등의 사용을 줄여야 해.

인도네시아가 수도를 옮기는 이유

인도네시아는 동남아시아에 위치한 섬나라야. 17,000개가 넘는 크고 작은 섬으로 이루어진 나라로 열대 기후라서 다양한 생물종을 가진 나라기도 해. 인도네시아의 섬 중에 하나인 자바섬에는 인도네시아 인구 절반 정도가 살고 있고, 수도인 자카르타가 있어. 그런데 2019년에 인도네시아는 보르네오섬으로 수도를 이전한다고 발표했어. 왜 수도를 옮기려는 걸까?

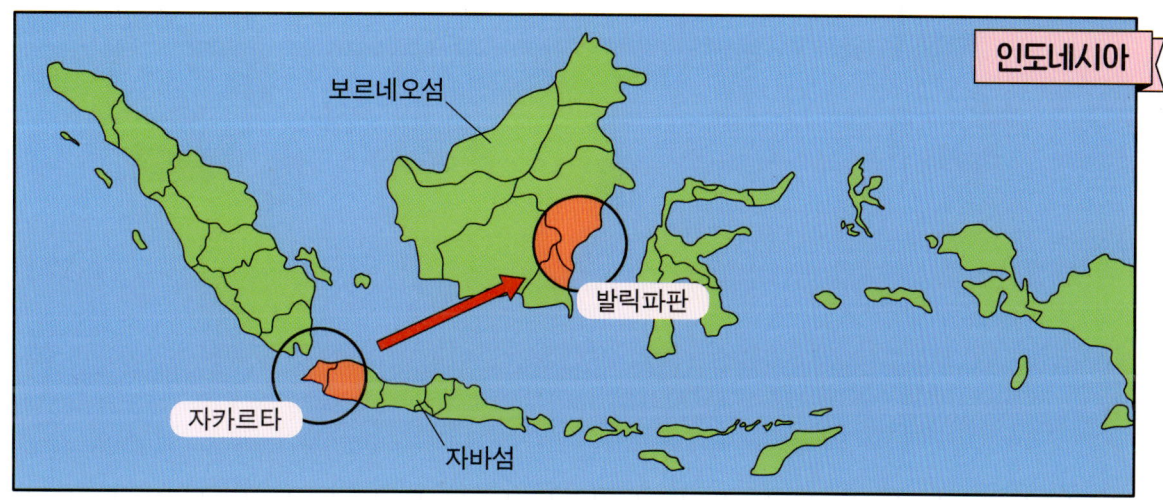

자카르타가 점점 가라앉고 있기 때문이야. 많은 인구가 살면서 지하수를 과도하게 사용해 물이 있던 지하 공간이 비어 땅이 빠르게 내려앉고 있거든. 여기에 더해 해수면이 상승하면서 섬의 끝부분에 있는 자카르타는 점점 물에 잠기고 있어. 기후변화로 인해 홍수도 빈번하게 발생하고 있지.

해수면 상승으로 물에 잠길 위기에 처한 나라는 인도네시아뿐만이 아니야. 투발루와 같이 태평양에 있는 섬나라들이 모두 비슷한 문제를 겪고 있어. 바다로 둘러싸인 우리나라도 지금의 속도로 해수면이 상승하면 2050년 전에 일부 지역이 물에 잠기게 돼. 기후변화에 대응하기 위해 전 세계가 노력해야 하는 이유야.

도전! 과학 영재반

1 초코와 쿠앤크가 각각 바다와 강에서 떠온 물을 끓여서 모두 증발시켰더니 다음과 같았어. 둘 중 바다에 갔던 친구는 누구일까?

답 :

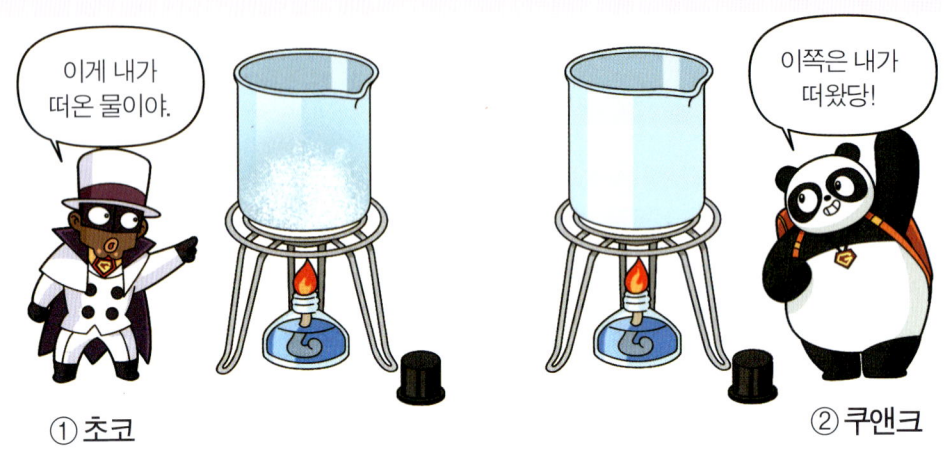

① 초코 ② 쿠앤크

2 간식단이 서해안으로 가서 휴가를 즐기는 중이야. 이 장소에 대한 설명으로 알맞은 말을 골라 O표 해 보자.

바닷물은 하루에 두 번씩 높이가 달라져. 바닷물이 낮아졌을 때를 (밀물, 썰물)이라고 해.
이때 물이 바다 쪽으로 빠져나가면서 드러난 땅이 (갯벌, 모래사장)이야.
다양한 생물이 살아가는 자원의 보물 창고 같은 곳이지.

3 스트로베리와 바닐라의 대화에서 ( ) 안에 공통으로 들어갈 알맞은 말을 써 보자.

 내일 기온이 엄청 낮을 거래. 지난 30년 동안 찾아보기 힘든 추운 날씨랬어.

 지구의 ( )이(가) 급격하게 변하고 있는 것 같아. 그게 다 ( )변화 현상이잖아.

4 바닐라가 지구의 평균 기온이 높아지면 일어날 일을 알아보려고 실험을 했어. ( ) 안에 들어갈 알맞은 말은 무엇일까?

답 :

자갈 위의 얼음은 남극 대륙에 있는 빙하와 같다고 생각하면 돼. 얼음이 녹으면 ( )이(가) 상승해서 우리가 사는 육지의 면적이 줄어들 거야.

① 바다　② 갯벌　③ 해수면　④ 육지　⑤ 섬

5 라벤더가 기후변화의 원인과 기후변화 현상의 예를 조사했어. 각각 어떤 것을 설명하는 그림인지 알맞은 항목에 V표 해 보자.

(1)
☐ 기후변화의 원인
☐ 기후변화 현상의 예

(2)
☐ 기후변화의 원인
☐ 기후변화 현상의 예

(3)
☐ 기후변화의 원인
☐ 기후변화 현상의 예

(4)
☐ 기후변화의 원인
☐ 기후변화 현상의 예

펀펀 게임

간식단이 크랩몬의 초대를 받아 크랩몬의 집에 놀러갔더니 문이 잠겨 있었어.
비밀번호를 누르고 질문에 답을 하면 문이 열린다고 해.
크랩몬의 집으로 들어가 볼까?

1 이름은?	2 바다 쪽으로	3 빠져나가는
4 지구 날씨가	5 높아지는	6 바닷물이
7 현상은?	8 더워지는	9 강의 물이
* 육지 쪽으로	0 원인은?	# 달라지는

CARD

여기서 비밀번호가 완성되는 거였구나!

비밀번호는 싸이몬, 보이저몬, 피닉몬이 나오는 곳에 골고루 숨겨 놨어.

정답 및 해설

정답 및 해설

1 지구와 달의 모습

한 꼭지 퀴즈

19쪽 ④
바다, 산, 사막은 지구 표면에서 볼 수 있는 지형이지만, 태양은 지구 밖에 있는 천체야.

23쪽 ②
달에는 공기와 물이 없어서 생명체가 살기 어려워.

도전! 과학 영재반   26쪽

1. ②
지구는 둥근 공 모양이야. 둥근 축구공을 가지고 온 바닐라가 지구와 가장 비슷한 모양의 물체를 가지고 왔어.

2. ③
사막, 산, 들은 지구 표면에서 볼 수 있는 모습이야. 물이 없는 바다는 달의 바다의 모습이야.

3. ③
지구를 둘러싼 공기는 우주에서 날아오는 돌덩이들로부터 지구를 보호해 줘. 반면에 달에는 공기가 없어서 충돌 구덩이가 많이 생겨.

4. (가): ④, (나): ③
지구는 둥글기 때문에 멀리서 오는 배는 배의 꼭대기부터 서서히 보이기 시작해서 나중에는 전체 모습이 보여.

5. 번호: ③, 고쳐 쓰기: 지구의 바다에는 물이 있지만 달의 바다에는 물이 없다.
지구와 달에는 둘 다 '바다'라고 불리는 곳이 있어. 지구의 바다는 물로 차 있어서 푸르게 보여. 달의 바다는 물이 없고, 주변보다 낮은 부분이라서 어둡게 보여.

펀펀 게임   28쪽

풍요의 바다

2 지표의 변화

한 꼭지 퀴즈

33쪽 ①
물을 잘 머금고 부식물이 많아 영양분을 많이 갖고 있는 화단 흙에서 식물이 가장 잘 자라.

37쪽 ①
바람, 나무뿌리, 물로도 바위를 부숴 흙을 만들 수 있지만 시간이 오래 걸리는 방법들이야. 직접 힘을 가해 부수는 방법이 가장 빨라.

41쪽 ①
물에 의해 돌이나 모래, 흙 등이 깎여 나가는 것은 침식 작용이야.

도전! 과학 영재반   44쪽

1. ④
화단 흙은 알갱이가 작고 부드러워서 물을 잘 머금고 있을 수 있어. 그리고 부식물이 많아 식물에게 필요한 영양분도 가지고 있지. 그래서 식물을 키울 때 운동장 흙보다 화단 흙을 사용하는 것이 좋아.

2. ③
바위는 물, 바람, 나무뿌리 등에 의해 깎이고 부서져서 흙이 돼. 흙의 부식물은 바위를 녹이지 않아.

3.

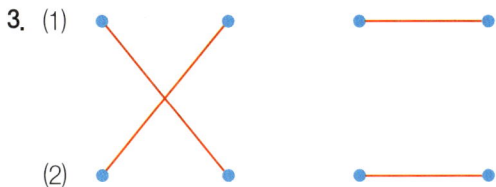

(1)은 주로 강의 하류에서 볼 수 있는 둥글둥글한 돌멩이야. 강의 하류는 상류보다 강폭이 넓고 기울기가 완만해서 물이 천천히 흘러.
(2)는 주로 강의 상류에서 볼 수 있는 모난 돌멩이야. 강의 상류는 하류보다 강폭이 좁고 기울기가 가팔라서 물이 빠르게 흘러.

4. ②
물이 아래로 흐르면서 언덕을 깎고 위에 있던 흙을 아래로 운반해. 그래서 아래쪽에 흙이 넓게 쌓이지.

5. ①
스트로베리는 모래사장을 배경으로 사진을 찍었어. 모래사장은 육지 쪽으로 들어온 곳으로 침식보다 퇴적이 주로 일어나 모래가 쌓여 생긴 지형이야. 절벽과 동굴 등은 파도에 의해 깎여서 생긴 침식 지형이야.

펀펀 게임   46쪽

알갱이, 바위, 퇴적

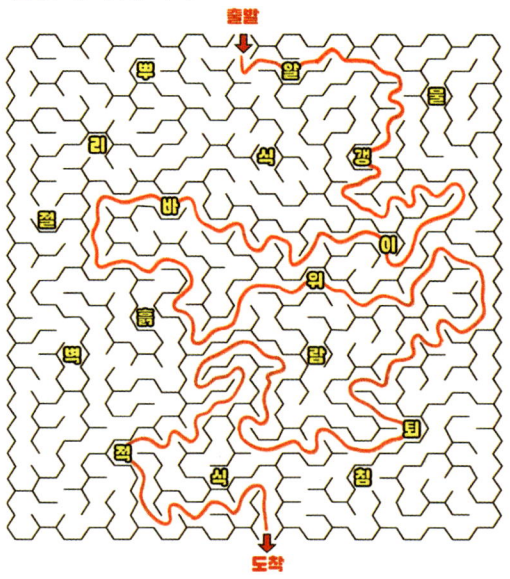

3 지층과 화석

한 꼭지 퀴즈

51쪽 ③
지층은 퇴적물이 층층이 쌓여서 만들어져. 식빵은 순서대로 쌓인 모습과는 거리가 멀어.

55쪽 ④
알갱이의 입자 크기는 이암-사암-역암 순으로 커져.

59쪽 ③
생물의 단단한 부분이나 생활 흔적이 화석으로 남아. 동물이 살아 있을 때 모양을 그대로 가지고 있기는 힘들어.

정답 및 해설

도전! 과학 영재반   62쪽

1. ④
지층의 모양은 수평, 휘어진 모양, 끊어진 모양 등 다양해. 그리고 층마다 쌓인 물질과 시기가 다르기 때문에 두께와 색깔이 다양하지.

2. (다)→(가)→(나)→(라)
퇴적물이 순서대로 층층이 쌓이다가 땅 위로 솟아오른 후 깎이면 지층의 줄무늬가 보이게 돼.

3. ②
이암은 주로 진흙으로 만들어진 퇴적암이고 사암은 주로 모래로 만들어졌어. 역암은 알갱이가 큰 자갈에 모래나 진흙이 섞여 만들어졌어. 암석을 이루고 있는 알갱이의 크기를 기준으로 나눈 거야.

4. (1) O (2) X (3) O (4) X (5) X
(1) 화석과 현재 살고 있는 생물의 모습을 비교하면 예전에 살았던 생물의 모습을 추리할 수 있어.
(2) 육지에 살았던 생물도 화석으로 남을 수 있어.
(3) 공룡 화석이 발견된 지층은 공룡이 살던 시대에 만들어진 층이라는 것을 알 수 있어. 산호 화석이 발견된 지층은 옛날에 바다였다는 것을 알 수 있지.
(4) 생명체의 모습이 그대로 화석으로 남기는 어려워.
(5) 고사리, 산호 등은 화석으로 남아 있는데 멸종되지 않고 옛날부터 지금까지 살고 있는 생물이야.

5. ②
산호는 현재에도 살고 있는 생물로, 따뜻하고 얕은 바다에 살아. 과거에도 산호는 비슷한 환경에서 살았을 거야. 그래서 산호 화석이 발견된 곳이 예전에는 따뜻한 바다였을 거라고 추측할 수 있어.

펀펀 게임   64쪽

물고기

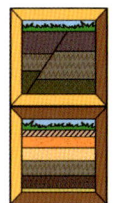   

노란색 테두리를 읽으면 FISH(물고기)를 찾을 수 있어.

4 화산과 지진

한 꼭지 퀴즈

69쪽 ①
화산은 마그마가 분출한 곳에 분화구가 생기기도 해. ②번은 산봉우리가 여러 개가 보이는 화산이 아닌 산의 모양이야.

73쪽 ④
불덩몬의 몸은 빠르게 식으면서 구멍이 생겼어. 마그마가 지표 밖으로 분출해서 빠르게 식어서 생기는 현무암과 비슷한 모습이야. 현무암은 제주도에서 많이 볼 수 있어.

77쪽 ①
용암은 마그마가 분출되어 지표를 타고 흐르는 거야. 지진이 아니라 화산 활동 때 볼 수 있지.

81쪽 ③
생존 가방의 비상식량으로는 오래 보관할 수 있고 바로 먹을 수 있는 음식이 적합해.

도전! 과학 영재반 84쪽

1. 화산
마그마가 분출해서 분화구가 있는 산은 화산이야.

2.
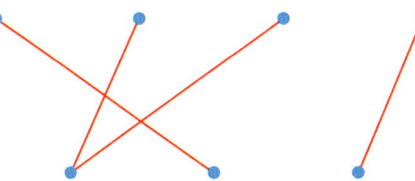

용암은 흐르는 액체야. 화산 암석 조각과 화산재는 고체야. 화산 가스는 기체이지.

3. ③
깊은 곳에서 천천히 식어서 만들어지는 암석은 화강암이야. 계단과 석굴암, 다보탑은 돌의 색이 밝은 화강암을 이용한 예야. 제주도에는 현무암이 많아. 돌하르방도 현무암으로 만들어.

4. (1) 피 (2) 이 (3) 이 (4) 피
(1) 뜨거운 용암이 흐르면서 불이 난 모습이야.
(2) 화산 주변 땅속의 열로 온천을 개발할 수 있어.
(3) 화산재가 쌓인 곳은 시간이 지나면 땅이 비옥해져.
(4) 화산재가 마을을 뒤덮고 하늘을 가려서 비행기도 날 수 없어.

5. ③
건물에서는 간판이나 창문 등이 떨어질 수 있기 때문에 건물과 멀리 떨어져서 이동해야 해.

펀펀 게임 86쪽

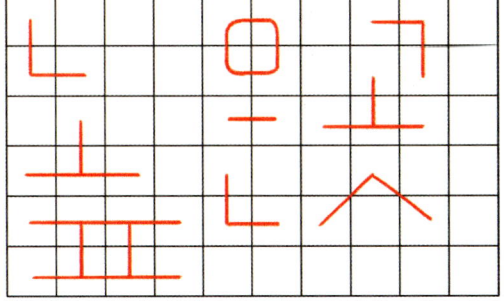

 태양계와 별

한 꼭지 퀴즈

91쪽 ④
태양 에너지를 받아 지구의 공기가 따뜻해져. 그리고 태양 에너지를 이용해 빨래를 말리고, 바닷물을 증발시켜 소금을 얻을 수 있어.

95쪽 ④
목성, 토성, 천왕성, 해왕성은 주로 기체로 이루어져 있어. 단단한 표면을 가지고 있는 행성은 수성, 금성, 지구, 화성이야.

99쪽 ④
크고 아름다운 고리를 가지고 있는 행성은 토성이야.

103쪽 ③
북극곰자리라는 별자리는 없어. 큰곰자리와 작은곰자리, 카시오페이아자리가 북쪽 하늘에서 잘 보여. 북두칠성은 큰곰자리의 일부야.

도전! 과학 영재반 106쪽

1. (1) ㉹ (2) ㉺ (3) ㉴ (4) ㉻
태양 에너지를 이용해 전기를 만들어. 태양 에너지가 물을 증발시켜 구름을 만들어. 식물은 태양 에너지로 광합성을 해. 태양은 지구의 생물에게 에너지를 공급해 주는 에너지원이야.

2. 화성
표면이 붉고 탐사 로봇이 많이 활동하고 있는 행성은 화성이야.

3. ③
수성은 태양과 가장 가까운 행성이야. 표면에 산화

정답 및 해설

철이 있는 건 화성이야. 해왕성은 단단한 표면이 없어서 충돌 구덩이를 볼 수 없고, 태양에서 가장 멀리 있어.

4. ①
바닐라가 칠판에 그린 별자리는 작은곰자리야. 작은곰자리의 꼬리 끝의 별이 북극성이야.

5. ㉢
북두칠성의 끝 두 개의 별을 연결한 연장선 위에서 두 별 사이의 거리보다 5배 떨어진 곳에 있는 별이 북극성이야.

펀펀 게임 108쪽

화성에 극관을 보러 갔다.

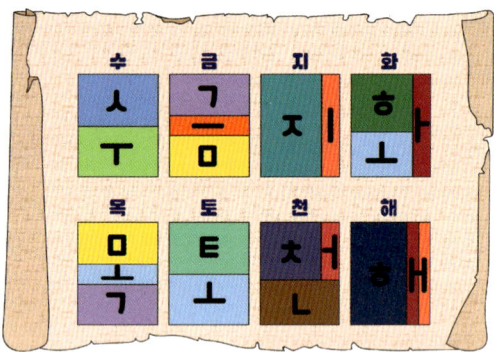

 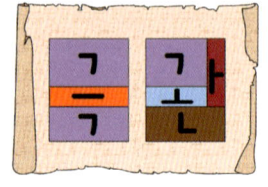

극관이 있는 행성은 화성이야.

6 날씨와 우리 생활

한 꼭지 퀴즈

113쪽 ④
응결은 수증기가 물방울로 변하는 현상이야. 우리 눈에 보이는 건 물방울이지.

117쪽 ③
이슬은 물체의 표면에 생기고, 안개는 지표면 근처에 떠 있어. 구름은 하늘에 떠 있지.

121쪽

바람은 고기압에서 저기압 쪽으로 불어.

125쪽 ①
우리나라의 겨울에 영향을 주는 공기 덩어리는 북서쪽에 위치한 차갑고 건조한 공기 덩어리야.

도전! 과학 영재반 128쪽

1. ③
다른 친구들은 모두 건조한 날에 일어날 수 있는 일을 말하고 있는데 쿠앤크는 습도가 높은 날에 일어날 수 있는 일을 말하고 있어.

2. ③
차가운 물체의 표면에 물방울이 맺히는 현상이므로 이슬이 맺히는 현상과 비슷해.

3. ㉠ 비, ㉡ 눈
무거워진 얼음 알갱이가 떨어지다 녹으면 비가 되고, 녹지 않고 내리면 눈이 돼.

4. ①
따뜻한 물 위에는 저기압이, 차가운 물 위에는 고기압이 생겨서 공기는 고기압에서 저기압 쪽으로 이동하게 돼. 그래서 향의 연기가 따뜻한 물 쪽으로 휘어져 이동해.

5.
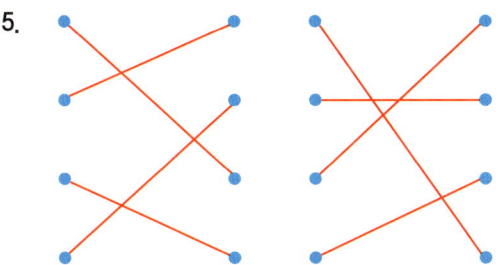
우리나라는 계절마다 다른 공기 덩어리의 영향을 받아 날씨가 바뀌어.

펀펀 게임   130쪽

7 지구와 달의 운동

한 꼭지 퀴즈

135쪽 ①
태양은 동쪽에서 뜨기 때문에 동쪽 바다에 가야 해돋이를 볼 수 있어.

139쪽 ②
그림에서 가장 왼쪽에 지구가 위치할 때 우리나라는 여름이야. 이때 태양과 반대쪽에 있는 거문고자리를 볼 수 있어.

143쪽 ③
달이 지구 주위를 공전하기 때문에 태양, 지구, 달의 상대적 위치가 바뀌어서 달의 모양이 바뀌어 보여.

147쪽 ③
태양, 지구, 달이 정확히 일직선이 되어야 일식이나 월식이 일어날 수 있어. 지구와 달의 공전 궤도가 서로 기울어져 있어서 일식과 월식을 매달 볼 수는 없어.

도전! 과학 영재반   150쪽

1. ①
태양은 매일 동쪽에서 떠서 서쪽으로 이동해. 따라서 가장 이른 시간에 사진을 찍은 건 태양이 가장 동쪽에 위치한 바닐라야.

2. 자전, 서 → 동
지구는 자전축을 중심으로 서쪽에서 동쪽으로 하루에 한 바퀴씩 회전해. 이것을 지구의 자전이라고 해.

3. ②
지구가 태양을 중심으로 공전하고 있기 때문에 계

절별로 다른 별자리가 보이는 거야. 지구에서 봤을 때 태양과 같은 방향에 있는 별자리는 볼 수 없어.

4. ③
초승달, 상현달, 보름달, 하현달, 그믐달 순으로 달의 모양이 바뀌고 같은 시간에 달의 위치는 매일 서쪽에서 동쪽으로 이동해. 남쪽 하늘에 상현달이 떠 있으니까 일주일 후 같은 시간에는 동쪽 하늘에서 보름달을 볼 수 있어.

5. ①
태양-달-지구 순으로 있기 때문에 태양이 달에 가려지게 돼. 일식은 지구의 (가) 부분에서만 볼 수 있어.

펀펀 게임 152쪽

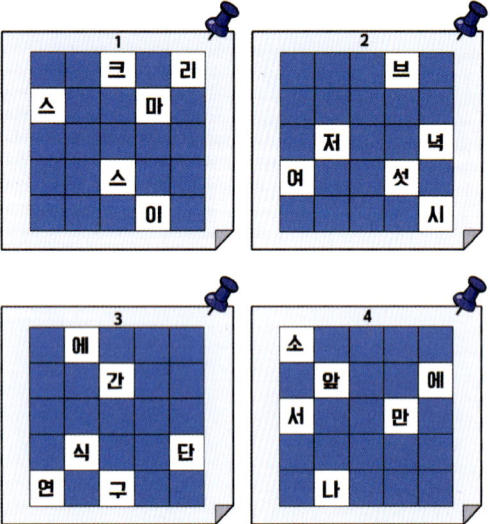

8 계절의 변화

한 꼭지 퀴즈

157쪽 ②
태양이 가장 높게 떴을 때 그림자의 길이가 가장 짧아.

161쪽 12:30
태양 고도는 가장 높고, 그림자 길이는 가장 짧을 때가 태양이 남중했을 때야. 그래프에서 12시 30분일 때 태양이 남중했어.

165쪽 왼쪽에 O
7월은 여름이야. 여름에 태양의 남중 고도가 더 높으니까 태양이 더 높게 뜬 그림을 고르면 돼.

169쪽 자전축, 공전
지구는 자전축이 기울어진 채로 태양 주위를 공전하기 때문에 태양의 남중 고도가 바뀌어. 그래서 계절이 변하지.

도전! 과학 영재반 172쪽

1. ④
막대기의 그림자 끝과 막대기의 끝을 연결한 선이 지표면과 이루는 각이 태양 고도야.

2. (가) ㉠ (나) ㉢ (다) ㉡
(가)는 정오에서 조금 시간이 지난 후 가장 높게 올라갔으니까 기온을 측정한 결과야. (나)는 점점 값이 작아졌다가 다시 커지니까 그림자의 길이야. (다)는 값이 점점 커졌다가 작아지니까 태양 고도야.

3. 높은, 낮

여름은 태양의 남중 고도가 높아. 태양의 남중 고도가 높을수록 기온이 높고, 낮의 길이가 길지.

4. ②

(가)는 태양 고도가 높을 때, (나)는 태양 고도가 낮을 때와 같아. 같은 면적에 더 많은 빛에너지를 받는 것은 (가)이기 때문에 (가)의 프로펠러가 (나)보다 빠르게 돌아가.

5. ㉡

쿠앤크가 서 있는 북반구가 여름이 되려면 태양 고도가 높아야 해. 그러려면 지구 자전축의 북쪽이 태양을 향해 기울어져 있어야 하지.

펀펀 게임 174쪽

②

그림자의 길이는 태양의 위치에 따라 방향이 바뀌면서 아침에는 길었다가 낮에 가장 짧고, 저녁이 되면서 다시 길어져.

9 바다와 기후변화

한 꼭지 퀴즈

179쪽 ①

밀물과 썰물은 하루에 두 번씩 바뀌어. 낮에도 갯벌을 볼 수 있어.

183쪽 ④

교통량이 증가하는 것은 기후변화로 인해 일어나는 현상이 아니라 기후변화를 일으키는 원인 중에 하나야.

도전! 과학 영재반 186쪽

1. ①

물을 끓인 후에 가루가 남아 있는 것이 바닷물이야. 바닷물에는 여러 가지 물질이 녹아 있기 때문이지.

2. 썰물, 갯벌

바닷물이 바다 쪽으로 빠져나가는 현상을 썰물이라고 해. 썰물 때 물에 잠겨 있던 갯벌이 드러나.

3. 기후

오랜 기간 동안 나타나는 평균적인 날씨를 기후라고 해. 한파가 자주 나타나는 것은 기후변화로 인한 현상 중에 하나야.

4. ③

육지 위에 있던 빙하가 녹으면 바다로 흘러가게 되어 해수면이 높아져. 육지 중 일부가 바다에 잠기게 되지.

5. (1) 기후변화의 원인, (2) 기후변화 현상의 예, (3) 기후변화 현상의 예, (4) 기후변화의 원인

산림을 파괴하고 공장을 많이 운영하는 것은 기후변화의 원인이야. 폭설과 가뭄이 자주 발생하게 되는 것은 기후변화 현상의 예이지.

펀펀 게임 188쪽

6237, 썰물

64쪽, 108쪽, 152쪽, 188쪽의 왼쪽에 있는 숫자를 합쳐서 보면 6237이야. 바닷물이 바다 쪽으로 빠져나가는 현상은 썰물이지.

찾아보기

가뭄	181	보름달	141~143
강의 상류	40	보이저호	105
강의 하류	40	부식물	33
갯벌	178~179	북극성	102~103
거문고자리	137~138	북두칠성	102~103
계절별 날씨	123~125	분화구	67
계절별 별자리	138	블루문	149
고기압	119~121	비	116
고사리 화석	59	사암	53, 55
구름	115~117	사자자리	137~138
규모	75	산사태	75
그믐달	141~143	산호 화석	59
극관	98	산화 철	98
금성	93~95, 97	삼엽충 화석	57
기압	119	상현달	141~143
기후	181	새 발자국 화석	57
기후변화	181~183	샛별	97
남반구의 계절	169	석굴암	72
낮과 밤	135	수성	93~95, 97
눈	117	습도	111
다보탑	72	썰물	178
달의 공전	143	안개	113, 116
달의 공전 궤도	147	암모나이트 화석	57
달의 모양	141~143	역암	53, 55
달의 바다	21	오리온자리	137~138
달의 육지	21	온천	77
대적점	98	용암	68~69
대흑점	99	운동장 흙	31~33
돌하르방	73	운반 작용	39
레드문	149	월식	146
마그마	67	위성	93
목성	93~95, 98	육지	17
밀물	178	육지의 물	177
바다	17	육풍	121
바다의 침식 지형	41	음력	141
바다의 퇴적 지형	41	응결	113, 116
바닷물	177	이슬	112, 116
바람	120~121	이암	53, 55
별	101	일식	145
별자리	101	자전축	134, 167~169

작은곰자리	102	화단 흙	31~33
저기압	119~121	화산	67
지구의 공전	137	화산 가스	68~69
지구의 공전 궤도	147	화산 분출물	68~69
지구의 모양	19	화산 암석 조각	68~69
지구의 자전	134~135	화산 활동	67
지구의 지형	17	화산 활동의 이로움	77
지진	75	화산 활동의 피해	76
지진 해일	75	화산재	68~69
지진의 피해	75	화석	57~59
지층	49~51	화성	93~95, 98
처마	171	화성암	71
천왕성	93~95, 99		
천체	89, 93		
초승달	141~143		
충돌 구덩이	21		
침식 작용	39		
카시오페이아자리	102~103		
큰곰자리	102		
태양 고도	156~157		
태양계	93		
태양의 남중 고도	161, 163~165		
토성	93~95, 98		
퇴적 작용	39		
퇴적물	50, 53~54		
퇴적암	53~55		
페가수스자리	137~138		
폭염	181		
피오르	43		
하현달	141~143		
한파	181		
항성	89		
해수면 상승	181		
해왕성	93~95, 99		
해풍	120		
행성	89, 93~95		
행성의 고리	93, 98		
현무암	71, 73		
홍수	181		
화강암	71~72		

사진: 셔터스톡, 미국 항공 우주국(NASA)

1판 1쇄 발행 | 2024. 3. 25.
1판 2쇄 발행 | 2024. 10. 25.

글 한장미, 송은경 | **그림** 임혜영 | **감수** 안민기

발행처 김영사 | **발행인** 박강휘
편집 송은경 이현진 장예진 | **표지디자인** 조수현 | **본문디자인** 임혜영 | **마케팅** 곽희은 | **홍보** 조은우
등록번호 제 406-2003-036호 | **등록일자** 1979.5.17.
주소 경기도 파주시 문발로 197(우10881)
전화 마케팅부 031-955-3100 | 편집부 031-955-3229 | 팩스 031-955-3111

값은 표지에 있습니다.
ISBN 978-89-349-2057-1 74400
ISBN 978-89-349-3840-8 (세트)

좋은 독자가 좋은 책을 만듭니다. 김영사는 독자 여러분의 의견에 항상 귀 기울이고 있습니다.
전자우편 book@gimmyoung.com | 홈페이지 www.gimmyoung.com

학습을 하고 나면 2~3쪽의 **학습 진도표**에 몬스터 스티커를 붙여 봐!